边际教学之“美”

娄小明 著

江西教育出版社
JIANGXI EDUCATION PUBLISHING HOUSE

图书在版编目（CIP）数据

边际教学之“美” / 娄小明著. — 南昌 : 江西教育出版社, 2018.12

ISBN 978-7-5705-0834-1

Ⅰ. ①边… Ⅱ. ①娄… Ⅲ. ①美术课－教学研究－中小学 Ⅳ. ①G633.955.2

中国版本图书馆 CIP 数据核字(2018)第 288342 号

边际教学之“美”

BIANJI JIAOXUE ZHI MEI

娄小明 著

江西教育出版社出版

(南昌市抚河北路 291 号　邮编：330008)

各地新华书店经销

南昌市红星印刷有限公司印刷

720 毫米×1000 毫米　16 开本　12.5 印张

2018 年 12 月第 1 版　2018 年 12 月第 1 次印刷

ISBN 978-7-5705-0834-1

定价：29.80 元

赣教版图书如有印装质量问题，请向我社调换　电话：0791-86710427

投稿邮箱：JXJYCBS@163.com　电话：0791-86705643

网址：http://www.jxeph.com

赣版权登字-02-2019-007

序

2002年夏天，我在南京师范大学参加美术教育本科函授。中午吃饭穿过校园，恰逢校园内在处理一批图书，五元一本。翻开美国经济学家、诺贝尔奖获得者威廉·夏普的《管理经济学导论》，就发现了“边际”这个词语。边际成本、边际效益、边际利润等概念纷至沓来，虽然书中有很多看不懂的数学公式，但是隐隐然有一种似懂非懂的感觉扑面而来。这种感觉很奇妙，就好像看一幅画，简单明了和讳莫如深往往经不起“看”，只有若隐若现、常看常新，才能让我们产生高山仰止、景行行止的美感。恰逢那个时候，我进入了对美术课堂教学的痴迷状态，所以，眼前的经济学，就变成了教育学，这两者之间形成了完美的转化。

今天再次翻开这本书，上面写满了我的“翻译”文字。“教学中面对突然的效益增加，往往建立在超越成本的基础上。”“一些家长和教师往往追求的是学习上的低效益、高成本，而缺乏应有的人道。”“在教育中成本与收益不是一个相同的单位，所以不存在无效益或者破产，但可能会形成不良的生产状态。”“教育也会贬值，需要用流动的价值观来看教育”……我忽然发现，经济学打开了教育学的一扇窗。这样嫁接的理论，超过了当前的教育理论。我这样说的理由有三：第一，这样嫁接后结出的“果子”更大，它超越了教育学和经济学的领域。我们知道，在经济学中，当无利可图时，我们可以不投入，但是在教育学中，我们面对最后进的学生，却不容许半途而废。第二，这样的“果子”更美。回顾很多的教育理论，得出了宏观的建构，却迷失于微小的局部。请容许我的无知，伟大如巴班斯基的教学最优化理论，也没有指明最优的作业量、教学目标、教学内容究竟是什么。而经济学在数据测量和边际分析中却做得更加清晰、明确，实践性更强。第三，这样的“果子”味道更美。评价一节课好不好，有时候并不看它符合哪种理论、哪种哲学，而要看学生的一个表情、课堂的一个细节。这样的改进更加契合教师的口味，诸多的理论传授，不如让教师明白，怎样做才能做得更好，做到怎样的程度需要适可而止。

我明白了，这种既宏观又微小的教学境界，就是教学的唯美地带，就是经济学中的“边际”。于是，“边际教学”这个词语便脱颖而出。我找到了美术教学研究的一个光源。

爱因斯坦曾经说过，科学家最幸运的事，是找到一个更加广包的理论，并且能够不断延续下去。那么我也可以说，教学研究最幸运的事情，是能够找到一个关键点，并且不断延续下去。边际就是一个点，一个最美的点，一个最杰出的“雨点”。这个点能够折射出整个世界，能够洗涤这个世界，创造出一个新世界。

于是，我用边际来关照我的课堂，我的课堂一下子亮堂起来。我能够发现，哪个孩子进入了回忆的世界，哪个孩子进入了想象的领域，哪个孩子创造出了崭新的形象。我就能如何调整内容，怎样设计语言，如何树立榜样。在课堂中，我就像是一个“庖丁”，能够游刃有余，并解剖出另一个教学的境界。我，痴迷于这样的创造。

很幸运，盛泽实验小学出版“组块教学·智慧教师研修书系”，我的浅见陋识忝列其中。书稿得到了成尚荣先生、薛法根校长的指导，使我对边际教学的思考角度和表达方式有了新的方向。

感谢江西教育出版社编辑对书稿进行了细致认真的修改。我也真诚地希望各位读者能够提出宝贵的意见。

娄小明

2018 年 12 月 20 日

目　录

第一部分

边际感悟

四个馒头和《四十一炮》的启示

——对边际的理解

每一个细胞的联结，每一个生命的延续，每一个历史的转折，每一个星球的兴衰……似乎都有各自的界限，都有边界上的转换。

教育中的边际，就是规则，是最优化，是个性，是解放，是自由，是超越……

边际是经济学中的一个基本概念。

对此，人们常用“四个馒头”的经典案例来说明。一个饥饿不堪的人得到四个馒头，吃下第一个馒头，他得救了；吃下第二个馒头，他有了力气；吃下第三个馒头，他饱了；吃下第四个馒头，他撑着了。于是，这个人后悔了：“早知如此，我就吃三个馒头好了。”

他说得没错，第三个馒头解决了他的饥饿问题，达到了“正好”的状态。这个状态就是经济学家认为的最佳，也就是边际利润。边际在《现代汉语词典》中的解释为“边缘，界限（多指地区或空间）”。它是经济学中的专用术语，意指“某变量的边际值（大致）就是另外某一决策变量变化1个单位时该变量的变化量”（威廉·夏普《管理经济学导论》）。美国经济学家柯兰德更以形象的语言，讲述了什么是边际成本和边际收益。他说：“边际成本（marginal cost）指已经发生的成本之外的成本。”“边际收益（marginal benefit）指你已经获取的收益之外的收益。”（柯兰德《宏观经济学》）由此可见，边际表现为增量。因此，在经济学中的边际，指的是由自变量引起的因变量的变化。

然而，争论并没有停止。在这四个馒头中，哪一个馒头的作用最大？为什么他要吃第四个馒头？从第一个馒头到第四个馒头，他的需要有什么变化？

很明显，第一个馒头挽救了他的生命，作用最大。然而人类的需要是不断增长的，所以他吃了第一个馒头要接着吃第二个、第三个，虽然他感觉饱了，但是仍然会受到惯性思维和行为的助推，情不自禁吃下第四个馒头，以致于吃到反胃为止。所以，最佳的选择应该是边际成本等于边际利润，也就是所谓的“正好”的状态。

然而，难度就在于对这种正好状态的把握。这好像是上帝设下的诱惑一样，人们总会显得“贪得无厌”而“无法自拔”。曾听过某位评书艺人说过，当久被围困的士兵终于解围的时候，有经验的将军通常不会让他们吃饱，因为他们虽然肚子饱了，但是在心理上还存在着饥饿的感觉，所以会吃撑。因此，关键在于如何把握这种“度”。从行为一开始就进行合理设计，这样才能将理论和行为结合起来，真正落到实处。

这不由得让我想起了莫言的小说《四十一炮》，其中有这样一个情节，罗小通和工厂的同事打赌吃牛肉。面对众多竞争者，罗小通的吃法显然与众不同。人家一开始是狂吞猛吃，而罗小通却是非常斯文，捡着小块的吃，而且是把牛肉撕成一条一条，显得非常轻松。当比赛进入高潮，有的领先者加快了速度，而罗小通却不紧不慢，而且还和牛肉“培养感情”，仿佛听到这些食品在说“来吃我”。比赛的结果显而易见，那些领先者吃下的牛肉是囫囵的，没有规则的，因此占据了胃部很大的空间。而罗小通显然不是，他获得了最终的胜利。其实，从罗小通吃的第一口牛肉开始，有的行家就看出他会取得最后的胜利。因为他的行为，包括吃的量、方法、步骤、时间控制都是最合理的，也就是符合罗小通的边际。

因此，边际并不是不可把握、不可预期的。

那么，最高明的预期是什么呢？有经验的书法家能够从一个笔画中看出书写者的书法功底，王献之《唯有一点像羲之》的故事就是最好的说明。又如，任伯年看到吴昌硕的习作后非常惊讶，认为他的作品已经达到了一定的高度，理由是吴昌硕落笔不凡，线条具有金石气。无独有偶，当人们问吴昌硕，在他的弟子中谁的成就会最大，吴昌硕说是潘天寿，理由是潘天寿临摹的时候能够达到“最像”，而创作的时候却能够做到“最不像”。

有经验的画家，就是在做这种提炼和归纳的训练。清代画家石涛在《苦瓜和尚画语录》中认为，一画是“众有之本，万象之根”。“立一画之法者，盖以无法生有法，以有法贯众法也。”“此一法收尽鸿蒙之外，即以亿万万笔墨，未有不始于此而终于此，唯听人之握取之耳。”

因此，边际是一个最高标准和最终目标，能够表现在某一个细节中。发现这个细节，是我们认知能力的表现；达到这个目标，是我们行为品质的表现。

以此来观看教育，就会发现许多问题。例如，让孩子赢在起跑线上，如果没有找到合适的边际，长大后便会输在终点线上。又如，好孩子是夸出来的，但如果没有找到夸赞的边际，就会让孩子迷失自我，这何尝不是一种极度的惩罚。再如，乐学能让孩子保持对学习的兴趣，但是如果没有发现快乐的边际，那么，这种快乐就会显得很苍白……

教育需要边际，教育离不开边际。

修身和认识你自己

——从哲学的角度来认识边际

脚踩大地，仰望星空，是人类生存的方式。也许你会说，狼也是如此，它们也会在月圆之夜，向着天空呜呜。然而，它们没有把两者联系起来，人类则不同，脚踩大地是为了仰望星空，仰望星空也是为了脚踩大地。于是，陶渊明的“采菊东篱下，悠然见南山”便出现在了我们眼前。

为什么这是人类文明所独有的两种行为方式？那是因为，仰望星空，我们才拥有了对世界的认识，才拥有了理想，拥有了活下去的勇气；脚踩大地，我们才拥有了受苦的担当，才能够安于当下，才能够生存下去。于是，我们在大地上狠狠扎下了根，我们在历史的长河中不断前赴后继。否则，人类何以为继呢？古巴比伦文明太过注重当下的享乐，缺乏世界大同的眼光，连年征战不断，他们看不到未来的召唤；古埃及拥有灿烂的文明，然而只有一小部分贵族才对它有兴趣，他们没有让民众找到传承下去的智慧；古印度没有把自己伟大的文明和民众日常的生活联系起来，在外来的文明面前分崩离析……

而以中国为代表的东方文明则做得比较好。她拥有远古时代的文明，确立了“泛爱万物，天地一体”的朴素的唯物主义思想观，同民间的巫术、占卜等相互交融。后来，形成了以儒家、道家、佛家三位一体的世界观，“天人合一”的思想奠定了中华民族的思想根源，《八筹》中写道，“关尹子曰：古之善揲蓍灼龟者，能於今中示古，古中示今，高中示下，下中示高，小中示大，大中示小，一中示多，多中示一，人中示物，物中示人，我中示彼，彼中示我……”“修身、齐家、治国、平天下”的儒家思想为国家和民众的治理提供了思想基础。随着佛教思想的引进和演化，追求自身的修炼和天地、今生来世的永恒，在民众中得到了广大的响应。随着封建社会的推进，诸多哲学思想在华夏大地熠熠生辉，有程朱的“格物致知”，王阳明的心学和知行学说，等等。在近代，西方文明的涌入，为东西方哲学的融合，开辟了一条崭新而悠远的道路……总而观之，中华的哲学在世界观和实践论上得到了很好的落实。

西方的欧洲哲学历史，从公元前 6 世纪的古希腊哲学到西方现代哲学的发展史可分为四个时期：一是公元前 6 世纪～公元 5 世纪，被称为古希腊哲学；二是公元 5 世纪～15 世纪，被称为中世纪哲学；三是 15 世纪中～19 世纪 40 年代，被称为近代哲学；四是 19 世纪 40 年代以来，被称为现代哲学。在上古时期，主要为自然哲学时期，东西方存在着很多相似的地方，大到对自然的起源，小到对自然元素的思考。中世界哲学随着西方神学的盛行，对神与人、天国与世俗的关系问题进行了阐释。近代哲学，随着科学技术的发展，对思维和存在、主观和客观等问题进行了讨论。在现代哲学时期，随着科学的进一步发展，哲学和科学出现融合的迹象，马克思辩证唯物主义、实证主义、唯意志论、存在主义、实用主义、结构主义、解构主义等等，流派纷呈，变化迅速……总而观之，西方哲学在实证方面取得了巨大的成就，在微观的研究和在现实的实践方面，一度超越了东方的文明。然而，不可否认的是，西方文明一直在中心两端摆动，追求绝对的个人自由和神性表达，在宏观世界和微观世界的协调方面还存在着许多矛盾，这是一种优势，也是一种缺陷，优势是矛盾的对立能够推动文明的进步，缺陷是文明的进步和人类的福祉不能统一。

从东西方文明的对比中，我们能够找到两种文明不同的起点，也就是人类文明在个人文明上的体现。东方是从“修身”开始，穷则独善其身，达则兼济众人，追求国家意志、人类文明和自身追求的和谐。西方是从“认识你自己”开始，挖掘个人的才能，利用人类的文明提高自己的认知能力，进而去推动整个社会的进步。

对比这两种行为方式，是一件很有意思的事情。例如，在民族意识方面,在个人价值体现方面,在行为方式方面,在组织方式方面等等都存在一些不同,不存在着哪种边际更加智慧、高明之说。

谈到这里,我想说,每一种文明都存在着一种若隐若现的边际,每一个民族的文明必然会影响到个人的边际行为,并且这两种边际之间会产生一种必然的联系。

这也进一步说明,你脚踩何处,就能看到哪处的地平线。反之,你看到了什么,也能影响你的立身方式。

拔着自己的头发离开地球

——对艺术边际的理解

2018年7月22日，台风安比又和苏州擦肩而过。站在阳台上看到天边凝滞的云朵，夕阳已经沉到地平线下边了，反光映照着云朵的边缘，好像后边有一个另外的世界。这时候，我仿佛感觉到自己就站在云朵之上，心灵一片自由，就好像朱自清在《荷塘月色》中所描写的那样，这时候，什么都可以想，什么都可以不想，便感觉到自己是一个自由的人。我知道，这就是我此刻对自然美的体验，这样的视角，这样的想象，就仿佛自己离开了地球，来到了高天之上，呵呵，这多么像拔着自己的头发离开地球啊！

可是，在现实的生活中，这样的体验却是少之又少。就好像是今天，我离开住所，走在人行道上，忽然发现蓝天白云，顿时感觉全身放松起来。然后，身后传来汽车喇叭声，让我悚然一惊，我感到愤怒，仿佛地面的霸权已经让位于汽车了。顿时，这种轻松的感觉消失不见，我全身紧张起来，知道只要走在地上，就需要提防着点。我想，这就是都市人焦虑的由来吧。

我忽然想到，自由和轻松不就是艺术创作所需要的一种状态吗？但是，这种自由和轻松是怎么来的呢？

琴曲《伯牙水仙操》的序上说：

伯牙学琴于成连，三年而成。至于精神寂寞，情之专一，未能得也。成连曰："吾之学不能移人之情，吾师有方之春在东海中。"乃赍粮从之，至蓬莱山，留伯牙曰："吾将迎吾师！"划船而去，旬日不返。伯牙心悲，延颈四望，但闻海水汩波，山林窅冥，群鸟悲号。仰天叹曰："先生将移我情！"乃援操而作歌云："繄洞庭兮流斯护，舟楫逝兮仙不还，移形素兮蓬莱山，歍钦伤宫仙不还。"

这一段描写要好于《乐府解题》，我们能够从中发现艺术创作的规律。

从文中可见，精神和情感是艺术大成的重要因素。然而，这种精神和情感不是知识和训练带来的，只有通过亲身的体验才能领悟，于是，伯牙在蓬莱山中面对此情此景，在大自然的启迪和招引之下，领悟了音乐的真谛。伯牙为什么在这种客观环境中才有所领悟？我们来看文中的描写，“海水汩波，山林窅冥，群鸟悲号”，这时候的声音，是大自然的合奏，它远离了日常声响，超越了个人的体验，自然能够让人体会到音乐的大美。这何尝不是突破了个人的经验，达到的一种超验的状态。在那个瞬间，伯牙拔着自己的头发，离开了俗世的纷扰，看到了音乐的神性。

艺术本来就不同于我们眼中看到、耳中听到的自然的图像和声音。齐白石曾经说过，绘画中的图像，妙在似与不似之间，不似则欺世，太似则媚俗。这种似与不似之间，难道不是艺术形象的边际状态吗？这种图像不就是拔着我们的头发，让我们站在物像和意象之间的一次眺望吗？

艺术创作的状态也是如此，孙过庭在《书谱》中谈到了书法创作的“五乖五合”：神怡务闲，一合也；感惠徇知，二合也；时和气润，三合也；纸墨相发，四合也；偶然欲书，五合也。心遗体留，一乖也；意违势屈，二乖也；风燥日炎，三乖也；纸墨不称，四乖也；情怠手阑，五乖也。文中可见，良好的书写状态是精神、感知、环境、条件、心境的一次耦合，而且这种状态高也不成、低也不就，是一种正好的状态，殊为难得。例如，其中的精神，就是紧张不得、懒惰不得、违背不得、屈从又不得……如此的一种模糊的中间状态。这样的创作状态不就像是拔着我们的头发，在本我、自我和超我之间的自由行走吗？

的确如此，艺术往往和魔术结伴同行。魔术师往往不会轻易揭示背后的秘密，否则，观众就会恍然大悟，原来不过如此，于是，魔术的“魔性”被吹得烟消云散。美术创作也是如此，艺术家往往不会直白表明自己的创作意图，而是让观众探寻这种神秘。在美术史上有很多这样的秘密：例如，达·芬奇神秘的微笑，提香神秘的色彩，维米尔神秘的光影，莫奈神秘的眼睛，德加神秘的动感，达利神秘的意象，毕加索神秘的蓝色时期……这些图形都远离了我们日常的真实，创造出一种不一样的发现，这难道是艺术家拥有一双不同凡响的眼睛吗？不，当然不是，因为人类眼睛的结构是相似的，他们是拔着自己的头发，远离了人们的自然视觉，创造出的一种别样的艺术形象。

如果说科学和艺术是人类文明金币的两面，那么，艺术存在的价值必然是不同于科学。科学注重实证，注重真实，注重明确，艺术注重的不一定就是如此，否则，它就没有存在的价值。有时，艺术是站在科学上的一次尝试；有时，科学是站在艺术上的一次推导。

鲁迅所说的拔着自己的头发离开地球的不可能，是从客观社会的角度而言的。那么，拔着自己的头发离开地球的可能，是从意象创造的角度而言的。艺术的本质就在于创造，创造的本质就是对原有经验的突破，而这种突破就是站在边际线上的一次行走……

拔起自己的头发，我们才能获得更多的自由和创造。

《危楼愚夫》和教师的工作

——对教育边际的理解

昨天，我看了俄罗斯80后年轻导演尤里·贝科夫的电影《危楼愚夫》，我的心情久久不能平静。

故事的主人公迪马是一位正直的管道工。有一天，在修管道的时候，他发现这是一座危楼，会在24小时之内倒塌。于是，迪马展开了和时间的赛跑。

他赶到了市长的家里，看到市长正在庆祝生日，一帮政客和商人正围着他极尽溜须拍马之事。听到管道工的汇报，市长马上组织相关部门讨论营救事项。可是，这些官僚考虑的是自己应该承担的责任和个人的前途，他们相互推诿，讨论陷入了僵局。他们甚至认为，这座危楼住的都是罪犯、酒鬼和吸毒者，根本没有营救的必要。市长在关键时刻想出了一个“完美”的主意——枪毙管道工、房管局负责人和安全部负责人，并且嫁祸于人。在最后时刻，房管局负责人良心发现，认为管道工迪马是一名无辜者，让他带着家人马上离开这座城市。

于是，迪马在两声枪响之后，带上自己的家人，开车离开了自己的家园。可是，上天似乎有意安排，当他经过这座危楼时，却发现市长根本没有做任何措施，居民还处于醉生梦死之中。迪马便拉开车门要冲出去，妻子拉住了他，认为这件事情不该管。可是迪马认为这是自己的责任。他忘记了自己的处境，踹开了居民的房门，让他们尽快逃离危楼。可是这些居民认为危楼并不可怕，还有什么比贫穷更让他们痛苦呢？最终，居民们在迪马的强烈要求下，带着冷漠的表情离开了自己的住所。眼看危机得到了解除，迪马的英雄事迹就要成功。但是剧情急转直下，几个酒鬼围住了迪马，对他拳打脚踢，不明真相的居民也围了上来，宣泄着这种莫名其妙的愤怒。终于，英雄倒下了。事情结束了，居民悻悻然回到了自己的居所，延续着他们的美梦。在寂寞的街道上，躺着迪马冰冷的尸体。

影片戛然而止。在导演的眼中，第二天大楼是否倒塌已经不重要了。是啊，全世界只有迪马在关心这件事情，既然主角已经死了，这件谁也不会关心的事情结局还有必要交代吗？一切该发生的就让它发生吧……

这部影片获得了堂吉诃德奖。迪马好像是堂吉诃德的代言人，用自己的良知对苍白的世界发出了生命的呐喊。

这部影片在我的同学QQ群中反响很大。一个同学说，其实在我们的社会，这种举世皆醉我独醒的现象并不少见。他说自己在买菜的时候，曾经亲耳听到过这样的对话。一位菜农剩下两把菜没卖出去，旁边的一个商贩说："这两把菜就拿回去自己吃吧。"这位菜农跳了起来，"这怎么可以，我昨天刚打过农药。"商贩质疑，"那些买你菜的人吃下去不会出事吗？"菜农振振有词，"这些城里人有医保，他们看病，反正公家会报销。"于是，争执平息。

这绝不是偶然，我曾经在公交车上也听到过类似这样的对话。一位养鸡专业户对朋友说："现在的鸡千万不要买。自己养的鸡经常服药，否则，成活率不足20％……"这样的现象如此普遍，可是，没有一个"迪马"能够站出来，人们只是默默绕开这些生活中的荆棘，漠漠承受着这种不公。

这在教育中更是普遍。曾经听过某位教授讲过他亲身经历的一件事情。某个成绩优异的学生，因为某次不想做教师布置的一项作业，教师回之"如果不做，请你离开教室"。结果这名学生捅了教师十几刀，并且对教师的女儿说："我把你父亲杀了。"随后，又捅了已经死去的教师十几刀。在该教授作为心理咨询师的身份介入之后，这名学生还是想不通。他说，他始终不能原谅教师说的那句话。最后，这名教授"告诫"一线教育工作者："当前的某些教育问题我们无法解决，但是千万谨记，不要让事情发生在自己身上。"如果用《危楼愚夫》的故事来说，不要做"迪马"，让大楼中的这些人该怎样就怎样去吧！

可是，你不做“迪马”，我不做“迪马”，终究会产生“迪马”的结局。相反，你做了“迪马”，我做了“迪马”，才不会发生迪马的悲剧。

想想自己的教学经历，的确，在我们周围，危机四伏。宰予只不过在课堂上睡了一觉，孔子却骂道：“朽木不可雕也，粪土之墙不可圬也。”最终，宰予成为孔门十哲之一。现在的教师面对这种情况，是怎么对待的呢？不准骂，不准惩罚，还要对其他学生“补漏洞”——可能是这名学生没有睡好觉。更有甚者，对孩子加以笼络。然而，你不骂，我不骂，你不教育，我不教育，就丧失了教育的作用……当该骂该管的时候，“迪马”的悲剧就出现了……

因此，不要再对教育做一些没有边际的事情了，教育不一定要赢在起跑线上，能够做最好的自己就是最大的“赢得”。不要认为给教师增负，就能给孩子减负，这两者没有必然的因果关系。不要一味地表扬孩子，有时批评就是最大的帮助。没有惩罚的表扬，更是一种最大的惩罚……

这就是教育的边际，充满了辩证，充满了智慧，充满了人性。

教育的基点在于生存，否则，危楼终归是会倒塌的。

认识你自己:苏格拉底的选择

关于苏格拉底,有两个著名的故事。

一个故事是,苏格拉底曾经和希庇阿斯争论什么是美。

苏格拉底问希庇阿斯:"你能替美下个定义吗? 请告诉我什么是美。"

希庇阿斯说:"一个年轻小姐是美的。"

苏格拉底不满意,他说:"我问的是'什么是美',而不是'谁是美的,什么东西是美的'。"

……

另一个故事是关于认识自我的。

有一天,苏格拉底为了教育一个狂妄自负的青年尤苏戴莫斯,和他进行了一次辩论。苏格拉底得知对方的理想是竞选城邦的领袖,就对他说:"一个希望当领袖的人必须要有治国齐家的本领,但是一个非正义的人能够掌握这种才能吗?"

"当然不能。一个非正义的人甚至连做一个良好的公民都不够格。"尤苏戴莫斯答道。

"那么,你知道什么叫正义的行为,什么叫非正义的行为吗?"苏格拉底把"正义"和"非正义"分开写在羊皮纸的两边,要对方一一列举。

于是,尤苏戴莫斯在非正义一边写上了偷窃、欺骗、奴役、抢劫等词语。

苏格拉底继续提问:"作战时,潜入敌方军营,偷窃其作战图是非正义行为吗? 为防止绝望中的朋友自杀,把他藏在枕头底下的刀偷走,难道不应该吗? 生病时,儿子不肯吃药,父亲就骗他,把药当饭给他吃,使儿子很快恢复了健康,这种欺骗行为又应该放在哪一边呢? ……"

这一连串的问题,使尤苏戴莫斯如堕雾中。

于是,苏格拉底循循善诱,让尤苏戴莫斯形成了自己的观点。接着,他指出什么样的知识对人来说最为重要——那就是“认识你自己”。

这两个故事是苏格拉底的核心思想的表现，那就是放弃自己对世界的成见，回归到自己的认识和发现。

的确，对于宏观世界和微观世界，我们总是无法把握它们的“边际”，宇宙之外还有宇宙，质子之内还有微小成分，《八筹》中说到“其大无外，其小无内”，说的就是“无极”“无界”的现象。

在我们所运用的词汇中，也有很多这类的“大词”，例如“美”“教育”“世界”等等。关于什么是“教育”，有很多相关的论述，但是随着时代的发展，它的内涵和外延总有不同的定义。

在《说文解字》中，“教，上所施，下所效也”“育，养子使作善也”，教育就是教诲培育的意思。

夸美纽斯认为，人人具有知识、德行和虔性的种子，但是这种子却不能自发地生长，需要凭借教育的力量，“只有受过恰当的教育之后，人才能成为一个人”。

英国教育家洛克提出了“白板说”，认为最初的心灵像一块没有任何记号和任何观念的白板，通过教育能使儿童掌握知识和德行。

法国教育家卢梭提倡自然教育，认为教育的任务是使儿童从社会因袭的束缚中解放出来，“归于自然”，培养自然的人、自由的人。

俄国教育家乌申斯基把教育分为广义和狭义两种，认为狭义的教育是有意识的教育，学校、负实际责任的教师是教育者；广义的教育是无意识的教育，大自然、家庭、社会、人民及宗教和语言都是教育者。他认为，完善的教育可能使人类的身体的、智力的和道德的力量得到广泛的发挥。

我国对于教育的定义有：教育是培养人的一种社会现象，是传递生产经验和社会生活经验的必要手段。这是从社会论的角度进行论述的。还有人认为，广义的教育指以影响人的身心发展为直接目的社会活动。狭义的教育是指由专职人员和专门机构进行的学校教育。这是从个人的发展方面进行论述的。

然而实际上，教育的范围和作用要更加广泛。教育的作用应该是，以有生而逐无涯，以当下而追求永恒。所以，苏格拉底的行为无疑是智慧的，了解你自己，从自己出发，才能进行教育。如果教师是不自由的，如何追求学生的自由。如果教师是不幸福的，如何给予学生以幸福。如果教师是不爱学习的，如何给予学生以知识……

认识你自己，你会了解到自己有多少能力，有多少水平，有多少激情，有多少方法……从而做最好的自己，去超越自己，向着永恒的教育光点前进。

所以，教育的边际要从自己开始，从“个人”开始。

爱，超越边际之外

——读《三体》的感受

边际是什么？是经济学的一种现象吗？是事物达到的极限状态吗？是可以测量和量化的吗？经济学中的边际，一到教育中去，往往会变得模糊起来。

一个智商100和一个智商180的学生，他们所掌握的信息量是不同的，究竟以谁为标准设计教学？有的学生早慧，有的学生晚熟，究竟以谁为标准设计教学进度？面对后进的学生，教师能否牺牲他们的利益，以适应广大学生的教学要求？每一个年龄段有它统一的认知水平吗？有的专家认为，低年级的学生不适宜教授哲学；有的专家认为，儿童是天生的哲学家，究竟以谁的话为标准？

教育不是呆板的数字，不是冰冷的机器，更不是抽象的原理，它有自己的边际。

前不久，我看了网络小说《三体》，心情久久不能平复。因为在故事中，我看到了什么是边际，什么是超越边际。

什么是偶然和必然？一个地球人在一次偶然发出了一条信息，结果让全人类受到了死亡的威胁，人类的文明在外太空文明面前显得束手无策，死亡似乎成了人类的必然。

什么是个体和全体？作为小说主人公的罗辑成为拯救人类的“面壁者”，他用个人的智慧，避过了外星人的监视，拯救了地球。

什么是简单和复杂？罗辑发现了宇宙社会的生存法则，一是为了生存，二是为了文化的传播，然而总量保持不变。这样极为简单的原则，却跳出了外星人技术的封锁，找到了他们的弱点，迫使他们做出了让步。而教育的原理和法则究竟是什么？联合国教科文组织在20世纪70年代发布了《学会生存——教育世界的今天和明天》，指出了教育的基本原则——生存。这是一个多么简单而又多么复杂的任务，关键是我们如何去演绎。

什么是犯罪和拯救？罗辑拯救了人类，但是他也犯了“反人类罪”，以毁灭地球为要挟，使得外星人做出让步。他既是英雄，也是罪犯。因此，很难用一个标准去衡量他。

什么是微小和宏大？外星人用“智子”，一种比粒子更加微小的物质，封锁了人类的文明，使得人类无法在基础科学上得以进步，从而控制人类的行动。这种微小，有时候就成了宏大，束缚了另一个文明的推进。

什么是重复和创新？罗辑为什么能够骗过外星人，是因为他重复了前人的错误，让外星人忽略了他的探索，从而在人类最危险的时刻，做出了让外星人最担心的决定，暴露他们的坐标，成为其他外星文明掠杀的对象……有时候，简单的重复中也蕴藏着最为伟大的创新。

什么是信念和力量？什么样的信念最为坚定，有时候不在于力量本身，而在于信念本身，有时候最为坚定的信念不是来自爱，而是来自仇恨。当面对外来入侵，人们内部之间的仇恨消失了，而这种坚定的信念也随风而散。

什么是低端和高端？三维一定高于二维，四维一定高于三维，核爆一定高于简单的撞击？不一定，有时候它们之间是相互转换的，是违反常规的。

什么是勇敢和智慧？有时候，逃离就是最大的勇敢，不是单一的服从，而是做出相对正确的判断。

……

《三体》作者写了那么多的边际，它们不可捉摸，难以预定，常常使情节峰回路转，超越了人们的想象。

那么，有没有一种超越一切的东西，是人类不同于宇宙生物的东西呢？是内心的猜疑，是目光的交流，是相互的掩饰……不，都不是，小说的第三部就描绘了这样一种绝对的存在——爱。

是什么使罗辑能够看到宇宙社会的规则？是因为爱，让他在与爱人的交流中，发现了这种智慧。为什么程心能够成为人类文明的保存者。那是因为她的关心，让一个孤独的灵魂感受到了一份爱。于是，程心得到了一颗星，把爱人的大脑发射到三体舰队，在与爱人的交往中，破解了对方文明的密码。然而，有情人并非一定能够成为眷属。在程心随后的人生轨迹中，她又找到一份爱，并一起勇敢地走了下去……

在小说中，人生就像上帝掷下的色子，谁也不知道色子停下后的数字是什么。一个人的经历是如此，一种文明的经历也是如此。为什么程心总能接到最好的色子？不是因为她的幸运，而是因为她的善良、她的爱，所以她总能发现色子最美好的一面。

教育也是如此。人们用爱创造出了一个又一个教育奇迹。

诺贝尔奖获得者麦克劳德，小时候为了看狗的身体结构，居然杀了校长的爱犬。校长非常生气，可是当他了解到"凶手"的意图后，却做出了仁慈的判决，要求小麦克劳德画一幅人体骨骼图和一幅血液循环图。小麦克劳德反省到自己的错误，并且出色地完成了自己的任务。后来，他对人体结构感兴趣，在医学上做出了杰出的成就——发明了用胰岛素治疗糖尿病的方法。

海伦·凯勒小时候双目失明，双耳失聪。直到七岁那一年，家里为她请了一位家庭教师——沙利文。在教师指导下，海伦用手触摸学会了手语，摸点字卡学会了阅读，后来用手触摸别人的嘴唇，学会了与人交流。沙利文为了让海伦接近大自然，让她在草地上打滚，在田野里奔跑，在地里埋下种子，爬到树上吃饭，还带她去触摸刚出生的小猪，去河边玩水。海伦在教师爱的关怀下，以优异的成绩毕业于美国拉得克里夫学院，成为一名学识渊博，掌握英、法、德、拉丁、希腊五种语言的著名作家和教育家。她著有《假如给我三天光明》《我的老师》《我的生活》等十四部作品。

……

是什么，让这些孩子超越了命运的羁绊，越过了身心的极限，获得自身的超越？

对，是爱。

爱，也许是一个早就被用得过于频繁，以至于失去了色泽的字。然而，谁能真正懂得并且实践这种爱？

印度哲学家克里希那穆提在《智慧的觉醒》一书中写道，“你只有了解爱不是什么，才能知道爱是什么。不是理智上的了解，而是真正把不爱的东西推到一边——嫉妒、野心、贪婪以及生活中产生的一切分别——你和我、我们和他们、黑人和白人。”“那意味着没有恐惧、没有执着、没有依赖，那是一种彼此无二无别的关系。”

教育是一种具有智慧属性的爱，正是这种特质，使它能够超越边际的束缚，达到另一种可能。

鲁迅先生曾经说过，教育根植于爱。我认为，正是由于爱，才能让教育在无限可能中，焕发出最灿烂的光辉。

第二部分

边际教学之思

寻找“适合”的教育意义

——边际教育观

李白在《梦游天姥吟留别》开头写道，“海客谈瀛洲，烟涛微茫信难求。”美好的教育境界亦是如此。接着写道，“半壁见海日，空中闻天鸡。”教育的实践体验亦是如此充满希望。最后写道，“世间行乐亦如此，古来万事东流水。别君去兮何时还？且放白鹿青崖间。须行即骑访名山。安能摧眉折腰事权贵，使我不得开心颜！”诗中指明，放弃世间的名利，奔向人生的理想。李白一梦，是探求理想人生的三个体验过程。教育的旅途，也有寻找教育意义的三个不同的境界。

一、教育的意义在于帮助学生发现自己的边际

教育是什么？它是“隐隐然其实有形也”，形状就是它的边际。教育是一面巨大的“镜子”，很多事物都能够通过它照出不同的意义。席勒曾经写过，“我最亲爱的朋友，这就是我面对稀奇古怪现象时经常会有的感受，在每一个国家里这些奇怪现象都会令一个旅游者惊叹不已。我就是这样不幸，我每时每刻都会想到与整体的内心幸福相关的教育机构，而多少伟大的事物在这面镜子中变得如此渺小，多少闪光在那里熄灭了啊！”看到天下英才，孔子心生了教育的愿望。看到自己老去，孔子明白了教育的意义。看到自然中的河水，孔子发现了德育的课程。在早晨感悟到道理，孔子发现了时间的渺小……教育是多么伟大，超过了时间和空间的边际。从这一点上来说，世界上没有一种东西能够比得过教育了。

然而，教育的边界实在是难以看清。很难有一位教师能够说清楚数学这门学科的边际在哪里，语文的课程边际在哪里，最美丽的图画的边际在哪里……这就是它的短处，然而也是它的长处。正因为它的边际“烟涛微茫”，所以让人产生了无限美好的想象。虽然人们不能看到它的全貌，但是能够

发现它的美貌。就好像是当今的一些超现实主义绘画，作者画清楚了对象的每一个细节，但是却发现遗失了最重要的“美丽”。孔门弟子看孔子，发出“高山仰止，景行行止，虽不能至，心向往之”的感叹。高山哪能看透，大路哪能走完？然而，我们依然能够产生无限的向往。

学生投身在教育的世界里，只能够看到其中一个很小的方面。然而，就是这一个很小的方面，让学生产生了对教育边际的想象，并且从中感受到自己的价值和意义。这就是学生眼中的边际，是学生主观的边际，和课程相对客观的边际的一次融合。它的标准，就是生成了自己的人生目标。这个目标，需要教师去引导，如果仅仅从一幅绘画作品产生了多少拍卖价格，如果仅仅从你将来的高考成绩来对待这门学科，如果仅仅从个人的荣誉来进行学习，未免会偏离学习的光明大道，甚至走向小道和邪道。教师的意义就在于，在学生的心灵深处，点燃一团火苗，让他找到人生的目标。

我国著名核物理学家程开甲，在幼年时期曾经连留两级，但当时的校长爱给学生讲民族英雄的故事。不知在哪一个时刻，哪一个契机，忽然让这个顽皮的学童心头一亮，不能再这么下去了，他也要做一个“大人物”。从此以后，他就像换了一个人，从留级生变成了跳级生，从学困生变成了学优生。最终，成长为一名享誉海内外的核物理专家。

树立自己的学习目标，形成自己的理想愿景，这样的边际目标，既是外在的标准，也是内在的标准，这就是教育意义所在的前提。

二、教育的意义在于让学生找到属于自己的边际之路

程开甲先生是幸运的，他人生的每一个步点都是那么“精确”。小学时期，他打下了比较扎实的英语基础。中学时期，他的学习成绩脱颖而出。高中，他在英语和数学学科方面表现出了杰出的才能。在大学阶段，王淦昌导师的“懂得道理，弄清原理”，让他奠定了物理学习的原则和方向。在国外留学期间，玻恩让他找到了主攻方向——超导理论……可以说，程开甲先生在每一个学习阶段，都遇到了好教师，并在他们的帮助下，发现了最好的自己。

因此，一个人不仅要确定自己的人生方向，还要能够转化成为自己的实践可能，才能把理想变成现实。勒温在《拓扑心理学原理》一书中认为，只有当客观物理空间能够“开放”起来，才有实现这种理想的可能。例如，当某人立志成为一名医生，但是因为学习成绩不达标，而不能进入医学院深造，那么，他学医的可能性就不会太大。而这种开放，就需要主体突破边界，才能实现。例如，只有通过招生考试，掌握相当的知识，才能进入医学院，开展进一步的学习。

然而，这种实践的可能，并不仅仅靠外来的手段，更需要依靠自己的实际情况，不断生成，不断发展，不断改变。

这种实践道路的发现，需要联系自己的实际。例如，一名驾驶爱好者，如果仅仅依靠书本知识，而没有掌握一定的驾驶技巧是无法实现驾驶的。这种技巧的获得需要通过练习进行累积，自己在哪些方面存在问题，是错误的习惯不能改变，是动作不够熟练，还是没有达到肌肉记忆的阶段……这些都需要通过自己的实践，才能发现不足，并且通过一定量的训练，才能掌握驾驶技巧。

这种实践之路的发现和设计，就是个人实践课程的边际设计。让学生自己去发现，自己去设计，自己去验证，从每一次活动的设计中，去达到自己的最大的可能。从自己的每一次进步中，去调整“步幅”，从而取得最好的成绩，成就最优的自己。

因此，这种意义的生成，是结合学生实际情况的，需要学生自我“运作”的，能够促成学生自觉的。

三、教育的意义在于让学生从边际中脱颖而出

什么是教育的意义？

程开甲先生能够响应祖国的号召，放弃英国优越的工作和生活条件，回到祖国任教，凭的是一个信念——祖国有希望了。他能够隐姓埋名数十年，投身于大漠进行两弹一星试验，靠的是一种追求——让祖国强盛起来。他

能够毅然捐献五百万国家科技成果奖金，为的是能够发现科技人才，让更多的人走上强国兴国的道路……这种境界，已经超越了“成为一个大人物”的童年理想，站在了国家和民族利益的高度，这不能不说是一种对童年追求的超越。

教育总是在边际的超越中生成意义。启功先生曾经谈过三种书法学习的境界。他介绍了一种书法学习的途径，将自己的作品悬挂起来，然后和名家的作品进行对比，久而久之，就会看到自己作品面目可憎，这就是第一层境界。然后，就会发现自己怎么也写不好书法，在这个时候就要坚持写，一个阶段下来，就会发现自己有所进步，这是第二个境界。紧接着，就会形成自己的一些观点，一些小的感触，这时需要进行大的积累，经过长时间的探索，形成自己的风格和面貌，这是第三种境界。每一次突破，就会产生对教育的一种启示，就会形成新的生长点。如果教育没有突破，那么就没有进步。如果人生没有突破，那么人生就没有意义。所以，教育的意义是在人生的突破中形成的。

不同的教育意义构成不同的人生境界。在不同的人生阶段，会形成不同的教育观、人生观和世界观。正如程开甲先生在不同的教育经历中，会产生不同的教育意义一样。在童年，他可能想到更多的是个人和家庭的关系。在少年，他可能想到的更多是学科和个人发展的联系。在大学阶段，他可能想到的是学科和科技进步的关系。在国外求学阶段，他看到的可能是科学和民族进步的关系。在国内工作阶段，他看到的可能是科技和国家进步的关系。这难道不是教育意义不断升华的过程？与之相联系的，难道不是人生意义不断提升的过程？

发现边际、达到边际和超越边际是好的教育的三个必然的阶段，而这三个阶段的核心思想，就是帮助学生发现教育的意义。

如图 2-1：

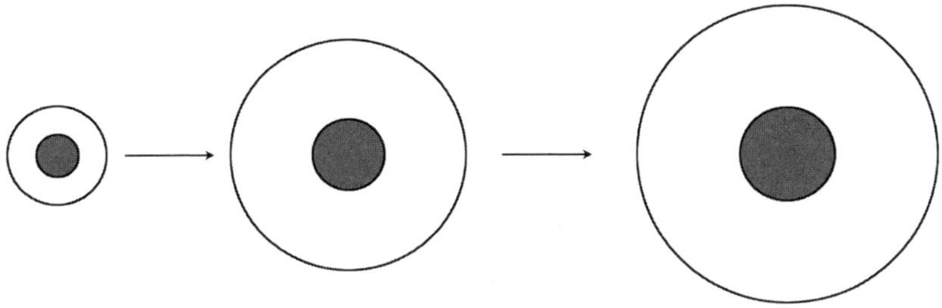

图 2-1　教育和人的发展关系图

(一)人的发展,必须与教育的意义相关

人之所以成为一个人,即成为一个自然人和社会人,必须纳入教育的范畴中来,否则,他不会成为一个真正意义上的人。人的成长,是在教育的背景下,个人借助于教育的力量,实现个人素养和能力的增长。所以,人(圆点)必须与教育是息息相关的,甚至是拥有共同的因素的。而人要获得尽可能的发展,是需要在教育的范畴内获得更加自由的活动空间,即圆点是能够在圈内充分自由地活动,形成个人化的教育意义,否则,如果个人意义和教育意义相互违背,是不能够相互成长的,即个人不能通过教育成长,教育也不能通过个人生成意义。例如,有的人把教育当成了敲门砖,那么,个人是无法透过教育去观察教育以外的世界。而当前有些媒体报道的美国的教育方式,让儿童去反思"如果美国不投下原子弹,能不能结束第二次世界大战?"这样的问题,就是让孩子去行走在教育的边际,去通过教育看世界,利用教育去为世界谋福利。当然,由于教育的范畴已经足够巨大,所以每个人在教育世界的旅行,只能形成自己的教育意义。有时候,由于个人的某些先天条件,他的活动范围会受到一定的限制。但是,这不妨碍他形成个性化的教育理解。我们能够在科学的范围内去理解教育和世界,也能够在艺术的范围内去理解教育和世界。这种相互的意义生成,是一种相互的开放。我们只有敞开心灵,才能够去体验他人的内心世界,才能够去感受什么才是真正打动人的文学艺术。而不是识了多少字,就能够成为一名小说家一样。

贾平凹先生说，好的小说世界，每一个文字之间都是有空隙、呼吸和生命（大意）。这何尝不是个人对文学的一种独特理解呢？

（二）什么样的人生必然会产生什么样的教育观

之所以人的发展不能够充分，那是因为在我们的周边世界存在着很多的障碍。当你在课堂上的表现受到同学的耻笑，你会怎么办？教师尴尬的表情、一个暂时性的评价、一位异性同学的哂笑……都有可能让人感到发生灭顶之灾。而在我们的课堂上，这样的障碍无处不在，这需要多大的勇气才能克服？如图 2-1，很多时候，这里面的箭头是无法“直达”的。我们在教育世界的活动，是个人发展和教育意义相互推动的一个过程。你个人能力得到了发展，必然会形成新的科学观，甚至是教育观和世界观。印象派著名画家修拉，主张将色彩打碎、还原为纯色的点，创立了点彩画派。而他这种美学思想的来源，就是牛顿的色彩构成原理。他们的世界观，就是还原真实的色彩的世界。

（三）什么样的教育世界必然会成就什么样的人生境界

当你的这种发展带动了学科探索，突破了原有的知识体系，当然也突破了个人的教育经验。这时候，你的教育意义必然会得到有效拓展。而教育意义的拓展，也会带动你个人的发展，让你透过教育看到的世界更加多样、更加宏观、更加深刻。有多少伟大的科学家、艺术家、政治家，他们在学科领域的探索比旁人要深广得多，同时他们的人生境界也要深广得多。

因此，边际的教育观，就是将教育和个人进行最佳契合，创造去障碍的教育环境，形成最优的发展路径，实现超越教育的意义，即寻找适合人发展的教育意义之路。

可　　能

——边际教学的课程观

什么样的课程才像适合学生的衣服一样，能够给学生提供温暖，让学生感到舒服，促进保护学生成长，不难，也不易，这就是边际教学中的课程观。

如图 2-2：

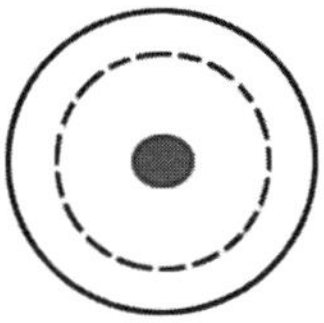

图 2-2　儿童边际课程示意图

它必须满足这样三个条件，一是它必须符合学生的实际，让学生感到正好的课程。二是它必须具有一定的基础性，能够直指课程的核心，符合课程的本质。三是从它的生长性而言，它是能够发展的，映射出学生发展的无限可能。

首先，课程能够适合学生的年龄特征和生活需要，能够激活生长需要(如图 2-2 中虚线圆所示意)。例如，佐藤学在《静悄悄的革命》一书中讲了一个例子，当教师讲解分数的知识时，学生对课本里的“将一个物体平均分成几份”这句话不理解。最后他们用了自己的方法——“分菜”，一下子掌握了分数的知识。由此可见，将教材中的例子转化为学生熟悉的例子，更能符合学生的“实情”。所以，教师必须要对课程进行适度剪裁，要考虑到它是否适合绝大部分同学，是否能够唤醒学生的学习需要，是否能够引起学生的学习兴趣，以此来设计课程的目标、步幅、方法等等，只有这样，课程才能够摘下冷冰冰的面具，和学生真正贴合在一起，这样的课程学生才会真正喜欢。这样的过程也是课程的“活化”的过程。

其次，课程必须是基础性的(如图 2-2 中灰色圆所示意)。即它能反映该学科的核心知识、技能、方法、过程、情感、态度和价值观，也就是说，能够完整地体现这门课程的发展史和知识体系。只有如此，我们才能够真正知道，这门课程从哪里来，到哪里去，包括哪些内容，具有什么作用。否则，这样的课程是没有生命力的。例如，某位教师在教学小学五年级《穷人》一课时，反复强调，学生合作时应该如何分工；需要注意什么纪律；应该怎样合理表达自己的意见；需要如何进行课堂笔记。然后放手让学生进行自学。在学生进行经验分享的时候，教师提示要注意小说六要素的表达。学生的交流非常精彩，特别是有学生提到了课文为什么以“穷人”为题，为什么穷人能够帮助穷人。从人性、阶级、心理、社会等多方面进行了合理的分析，超越了某些教学参考对文本思想的单一表达。这样的教学就是把方法、过程、知识等最基础的东西教给了学生，学生能够从某一篇文章的学习中，掌握小学阅读的基本方法。这样的课程是有“弹性”的，直指了小说教学的核心，也是基础课程的教学。

最后，课程必须是生长性的(如图 2-2 中实线大圆所示意)。它不仅是课程本身的生长，也带动了学生的生长。叶圣陶曾经说过，教材无非是个例子。的确，在这个例子后面，展现的是活生生的世界。学生在课程中的表现可能是参差不齐的，但是，有经验的教师往往能够从学生的“低级”表现中，看到“高级”的可能。记得在一节欣赏课中，我让大家观看悉尼歌剧院的图片，并说说自己的感受。很多同学的答案中规中矩，像莲花，像白帆，诸如此类。这时，一位同学高高地举起了手，表示他有不同的见解。他说：“我好像听到了歌唱的声音。”我一脸疑惑，同学们也发出了嘘声。这位同学脸涨得通红，却又无从辩解。忽然我想起曾经看到过的一句话，“建筑是凝固的音乐”。于是我在黑板上画了三个逐渐变化的连音符号，组成了悉尼歌剧院的外形，让同学们试唱一下。碧海蓝天，白帆倒影，三个逐渐变强的音符，会产生一种怎样的音响呢？没有暗示，没有相约，突然《欢乐颂》在教室里回响起来，由轻到重，由犹豫到高昂。大家仿佛都陶醉在声音和形象铸造的艺术宫殿里。我由衷地感叹："你能从建筑中看到声音，你有一双了不起的眼睛。"同学们眼中也流露出敬佩的神色，这名同学也满脸兴奋。六年后，这位同学选择了报考美术学院，原因就是我说过的那句话，"你的艺术感觉很敏锐。"是呀，这位同学突破了自己的欣赏习惯，并在这种突破中找到了自信。谁说这种意外不是叩响他人生的一次际遇呢？

所谓的边际教学中的课程，是让学生获得最优可能性的课程。

还　原

——边际教学观

边际教学观，是一个多方面“还原”的过程，即在教学价值观、过程观、内容观、认知观等方面的重新建构的过程。

听完一节美术课后，我问学生：“你为什么要画船？”学生想了很久也答不上来，旁边一个同学答非所问地说：“是为了环保。”“对对，为了环保。”学生们异口同声地说……由此我判断，学生们并没有真正看到船的“美”，即没有达成美术课的“根本性”任务。那么，当学生再次看到船的时候，是很难有拿起画笔的冲动的。这样的课堂教学再精彩，也无法滋养到学生们的生长之“根”。这种教学的“根本”，包括基本知识、学生的基本素养、基本动力、教学的基本规律等等，它们是学生学习的核心，贯穿于学生学习的时间和空间，具有重要的作用。

有很多教育家都关注过这个问题，有意思的是，很多表达都使用了否定的句式。叶圣陶曾经说过，“凡为教，目的在于达到不需要教。”“教材无非是个例子。”爱因斯坦曾经说过，“教育就是当一个人把在学校所学全部忘光之后剩下的东西。”中国道家有言，“授人以鱼，不如授之以渔，授人以鱼只救一时之急，授人以渔则可解一生之需。”……他们都指出了在一些教育现象背后的东西，这些东西更加接近教育的最初目的、本质内容，即教育的“原本”。但是它们也更为隐秘，否则这些名言也不会用“否定”的句式来表达。正因为如此，教师在课堂教学中，会迷失对“原本”的探索。

那么，该如何看清这种“原本”，让教师知晓“怎样的课堂才是真正的好课堂”？也许，借用这种“否定”的思维，也是一条有效的路径吧。

当学生离开教师的思维引导，是否能够还原学习过程？某位教师在教授《酸的和甜的》这篇课文时，采用了这样的教学步骤。教师首先让学生默写三组词语，分别是“小松鼠、小兔子、小猴子、狐狸”“葡萄、一串、紫红色”“迫不及待”。然后引导学生看图复述每段课文大意，接着让学生复述整篇课文内容，最后让学生说说课文中蕴含的道理，并建议把这个故事讲给家人听。低年段的学生能够在短短一节课中完成了上述内容，记忆了大量的信息，得到了听课者的赞叹。但是我想，如果上课结束后，学生重新拿起一则童话，能够如此高效地建构句段篇的内容，深刻地理解文章的道理吗？学生翻开一本书，也是先找出关键词吗？我表示怀疑，因为教师问题设计的“还原性”还不够。那么问题的关键是在哪里呢？我发现，教师设计的第一步是“关键点”，此后所有的问题，都是这些词语的组织和运用。也就是说，教师先把答案揭示出来了，随后的课堂，只不过是学生在“按图索骥”罢了。如果，把这个前提去除，那么学生的进步是有限的。所以我认为，教师只有让学生自己去发现这些关键词语，并由此串联起对整篇课文的整体认知，才是教学的成功。否则，就好像是魔术师变魔术，表面上精彩纷呈，但是把其中的一环隐而不露，观众们看得如痴似醉，但还是不得要领。这样的精彩也只是教师的精彩，学生只能成为一个“过客”罢了。叶圣陶曾经说过，“各种学科的教学都一样，无非是教师帮着学生学习的一串过程。”可见，通过教师的教学过程，还原学生完整的学习过程，才能让学生掌握学习方法。

当学生结束了生成，能否还原文本的“初衷”（价值观）？某教师在教学《愚公移山》这篇文章时，出现了许多“精彩”的生成：教师问学生，愚公移山成功，是不是因为有天帝的帮助？一些学生表示了肯定。接着他让学生设想愚公能否“世世代代无穷匮也”。有些同学果然受到“暗示”，表示了多种可能：可能愚公的后代是女的；可能他的后代不住在这个地方。这时教师发散道：“说不定他的哪一代想移民到美国去了呢？”然后，他又让学生设想愚公和智叟的辩论，有的学生模仿智叟说：“靠山吃山，你把山都移走了，我们靠什么吃呢？”教师应和道：“从现代旅游开发观来看，也有一定的道理。”还有些学生说，愚公这么做，是为了感动天帝而使用的“苦肉计”。教师引导道，愚公并不愚昧，相反有些狡诈。接着教师又出示了外国学生如何看待这则神话的观点，并让学生说说自己的看法。有的学生说：“中国人有‘老人’癖好，因为在很多电影中，‘老人’都拥有绝世武功。”有的学生说：“中国人有传统家族观，这和西方是不同的，所以很难为外国人所理解。”直到一位学生说：“一个人要坚守自己的信念，这就是生命的意义所在。”教师这才表示了肯定，并且结束了课堂。这样的“课堂”，学生是有了多种价值观，是有了精彩的“生成”。但是我们发现，这种生成偏离了文本的初衷，有的甚至是背道而驰的，而教师一味好异偏奇，渗透了一些不恰当的价值观，如“移民美国”“愚公狡诈”……唯独忽视了文体的特点、作者的观点，这样“戏说”古代神话故事，是忽视了真理一条，宣扬了“邪理”千万条。这样的读书方法，任何名篇巨制，都可以读成歪理邪说。我想，若干年后，学生们可能忘了故事的内容，但是可以凭借题目，了解内容，并且油然产生这种坚韧不屈的民族精神，而不是哂然失笑，“这是骗人的把戏。”这才是根本。文章有文章的“界限”，有作者的“初衷”，作为读者可以去引申，也可以去质疑，但是不能不“尊重”，否则，你怎么能够了解古人的“思无邪”，了解神话故事的涉世意义，又能从这篇文章中有何所得呢？通过还原文本的观点，去合理生成学生的观点，这样的价值观才有历史基础和现实意义。

当学生走过了太多的精致，是否还原了学习的内容？某教师在教学《晏子使楚》这篇课文中，完成了字词句篇等基本任务后，出示了一位外交官的话，“晏子，逞口舌之能，这不是智慧的表现，因而也得不到真正的尊重。”让学生说说自己的观点。有的学生认为，楚王能够及时道歉，非常可爱。有的学生说，这也说明晏子的国家国力强盛，所以晏子能够使楚王屈服。接着，教师又出示了韩信受胯下之辱这则故事，让学生比较，晏子为什么不忍辱负重。随后，马上联系了学生在低年级学过的文章《狼和小羊》，让学生联想，小羊怎样的作为才是最具智慧的。最后，教师和学生演唱《三国演义》的片尾曲，并且擦去黑板上的“板书”，留下了“尊重”两个字。整节课，学生在教师的引领下，领略了文章的多重精彩，也学到了很多的知识。既有字词的分析，又有篇章的理解，还能让学生联系生活，并且穿插了大量的课外阅读内容。课堂上教师设计的内容非常精致，每个环节的衔接也非常巧妙。但是我发现，学生缺少了对基本任务的思考，即学到了什么内容，为什么要学习。教师的每一个新的内容的设计，都是由教师发出的。教学内容很多，但是缺少言语的逻辑联系。这样的精致，是建立在无“大结构”了解的基础上的，学生是很难将内容化繁为简，真正吸收的。相反，魏书生老师在教学《统筹方法》一课中就设计得很大气，他让学生说说学到了什么重点，然后通过画图检查了学生的学习效果，接着让学生说说生活中统筹设计的例子，最后归纳课文学习的重点和意义。学生学习的内容，需要还原到基本的本体论、认识论、方法论、价值论的大问题上来。我想，当学生长大后，会遗忘很多细节，但是会记住大致内容，并根据这种结构，衍生出对细节的理解。如果本末倒置，那么“乱花才能迷人眼”，学生是很容易捡了芝麻，丢了西瓜的。石涛在《苦瓜和尚画语录》中写道，“吾道一以贯之”，把“一画”作为“万画”的根源。在课堂中也一样，唯有这样的还原，才能让学生学实学活。

当学生没有了“外推力”，能否回归自己的学习动机？某教师在教学美术课《蛋壳画》中设计了很多的奖励措施，如果学生回答正确了，教师就奖励学生贴纸。如果学生做得比较出色，就会被给予最佳创意奖。最后，教师还奖励给学生很多蛋壳贴画的作品。但是，矛盾出现了，有的学生因为期望值太高，当教师把奖励品展示给学生看的时候，大家发出了一片失望的“啊”的声音，以致于有些学生出现了逆反情绪，认为自己做作业是为了给教师“争面子”，索性把作业做得一团糟。的确如此，在很多的公开课上，教师们一味褒奖学生，“你是一个小诗人”“你是未来的爱迪生”“我发现了中国的比尔·盖茨”……以此来推动学生的学习。这样的“外推力”如果运用不当，很容易出现情绪上的“拔苗助长”。我在教学自编教材《走路的美术》一课中，就设计了这样的环节：首先让学生走过一张白纸，然后一起分析其中的脚印。学生们发现自己走路的姿态各不相同，有的是拖着腿走的，有的是晃着胳膊走的。然后我出示学生走路的照片，当学生看到自己在楼梯上一跃而下、“踩水溏”等行为时，都红了脸。我让学生找找校园中最美的步态，有的学生就发现了很多美。接着我让学生分析艺术作品中的“走路”，学生们就看到了洒脱、娴雅、有力等多种美感。最后，我让学生用“行为美术”的方式，在操场上用“踩水溏”的方法，完成一件艺术作品。有学生的作品名为《十字路口》，有的是《童年的风铃》……他们用走路的方式在创造，在思索。当我问学生的感受时，学生们纷纷说：“我们的一言一行都是艺术的创造。”“我知道了应该怎样走路。”所有的学生都说，他们喜欢这样的课堂。是的，因为他们明白了这节课的意义，知道学习是自己的事情，他们找回了自己的学习动机。

作为一名教师，我明白，学生们可能会忘记教师教授的知识，会找不到某个原理是怎么推导的，会遗失课堂中形成的学习习惯，会漠视基础知识的重要性……有一天，他们周围会没有教师，没有作业，没有考试，甚至没有书本……

但是，即便他们遗忘了小路，但愿还记得每一节课大致的“行走”习惯，因为我们知道我们有自己的“行走方式”，就像小草的生长方式一样。即便他们遗忘了每一节课的具体目标，但愿还记得大致的行走方向，因为我们知道我们有自己的“终极目标”，就像大雁的回归一样。即便他们遗忘了每一节课的具体内容，但愿还记得基本的学习内容，因为我们知道我们有自己的“初心”，就像花朵的开放一样。即便他们没有了外在的动力，但愿还能有学习的冲动，因为我们知道我们有自己的“逆锋起势”，就像爬山虎那种永远向上的精神一样……我想，这种“遗忘”中就有教育的“原本”所在。

如果以“无”为参照点，我们就能够找到教育的原本。我们如果能够“还原”教学，才能让学生更好地成长。

定标—行走—达标

——边际教学过程观

教学目标的命中率高不高，是判断课堂教学有效与否的重要标准。但是课堂教学只有一个目标吗？这个目标是静止的吗？……目标的复杂性，给“中标”的可能性造成了较大的难度。那么，目标在哪里，究竟应该怎样走，走的效果怎么样，成为贯穿课堂教学始终的问题。这里面都涉及一个“度”的标准，也就是对“边际”的考量，也就是三维目标范围究竟在哪里，推进的“步幅”应该是多少，“中标”究竟体现在哪儿，这是对“准确定位”提出的问题。

一、目标在哪里——三维目标需要有核心

三维目标的边际在哪里？它不是三个分散的目标，而是一个目标的三个面，这三个面共同构成目标体系。但是我们发现某些教师设计的目标不在同一个维度上，例如，一位教师设计人美版美术教材《谁画的鱼最大》一课时是这样设计的。知识技能：初步感受自然界中的形象与艺术作品中的形象两者的关系，知道大小是在对比中产生的。方法过程：能够大胆作画，充满画面，画一条大鱼。情感、态度、价值观：培养学生对美术学习的兴趣和热爱大自然的情感。

如果我们把这三个目标联系起来看，了解了自然形象和艺术形象关系，就能画好一条大鱼，就能热爱大自然了吗？显然，目标之间出现了大小远近的差异，这不是一个目标的三维。

那么，这个目标究竟应该怎样定呢？有的教师认为，原有教材的目标不符合学生的实际，应根据学生的需要设计目标。有的教师认为，教材的目标是权威，课堂应该不折不扣达成。有的教师认为，教学需要体现教师的个性，教师可以自由设定目标……这些观点分别站在了学生、教师和编委的角度，都有一定的合理性。但是如果强调其中一方，必然会挤占另外两方的空

间。其实,这些主体是一个整体,对任何一方的摒弃,都会造成目标的散乱。这个目标应该是大家的共同目标,带有主体间性。只有这样,目标才能带动三者一起前进,共同完成教学任务。

因此,教学目标首先应该确定核心,然后达成体系。

例如,在上述这节课的目标定位中,首先确定核心。从教材的体系来看,前几节课分别解决了用方、圆等基本形状作画的问题,这节课的重点在于讲授构图知识。从学生角度来看,运用对比的手法、构图的技巧作画是需要学习的内容。从教师的角度来看,发挥女老师充满活力、细腻感性的特长,能够营造温馨和谐的课堂氛围。如图 2-3,这个核心点是在教材、教师和学生需要范围内的一个点。

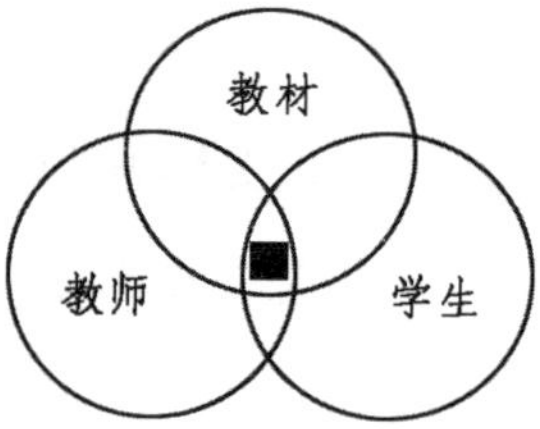

图 2-3　教学目标示意图

这个目标是一个有三维向度的体系。首先在知识技能维度上,是要求学生了解鱼的形体知识,掌握构图技巧。在方法过程上,要突破学生容易画得太小,不会运用构图知识的难点,可以采用直观教学的方法,让学生通过变大、缩小的游戏,找到最美的构图方式。在情感态度价值观上,让学生体验"画大"的快感,能够初步掌握辩证的态度,感受到"鱼大为美"的审美观点。如图 2-4:

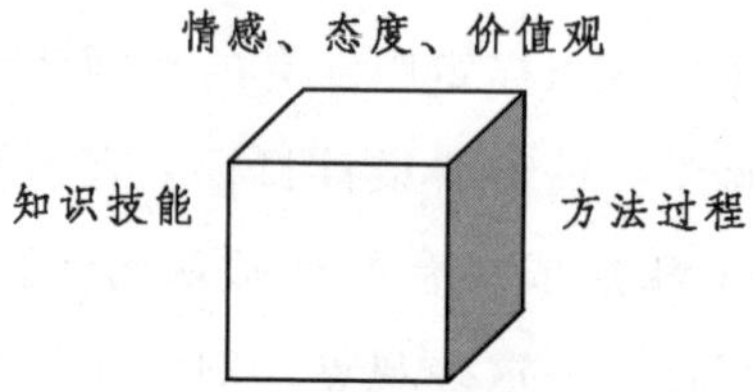

图 2-4　三维目标示意图

这样的目标，在一定的知识技能范围内有宽度；在情感、态度、价值观的指引下有高度；以方法过程为途径的行走有深度。

这样的目标设计有了三维的边际，就凝聚起来了，就利于师生实施了。

二、目标怎么走——目标推进需要有动力

周星驰主演的《武状元苏乞儿》中有一个镜头很有意思，两位选手比武，一位正中箭靶，另一位射穿箭靶。两者谁高谁低，明眼人一看便知。看看有些课堂教学目标的达成，力尽而止，而有些则“其进不能自已”。两者的动力因素不足，所产生的效果也不同，这就是所谓的学习后劲。常常看到有些报道，高考结束，考生们毁书撕卷，这难道不是力尽的表现吗？再来看看我们的课堂，有的教师教授学生画《吃虫草》，让学生了解吃虫草的种类、结构、色彩，其中发生的故事，知识点非常繁复，技能极尽复杂，虽然大部分学生都完成了作业，效果也比较好。但是很多同学的感受却极具“摧毁力”。他们惊呼：“吃虫草太可怕了。”这和教材的目标，让学生去发现大自然的美妙背道而驰。由此可见，虽然这位教师达成了教学目标，但是其中的动力显然是不够的。

那么，教学目标推进需要有怎样的动力呢？显然，不同的目标需要有不同的动力因素。例如，有的课堂以“运动”为内容目标，那不妨让学生在快节奏中去体会运动的美妙。如有的课堂富有故事情趣，那不妨设置情景让学生乐此不疲。有的课堂需要让学生掌握较多的知识，那不妨采用合作的形式。这就需要根据目标和“障碍”，采用“直线球”或者“曲线球”的方法去“破门”，达成教学目标。如图 2-5 中这条曲线就能示意：

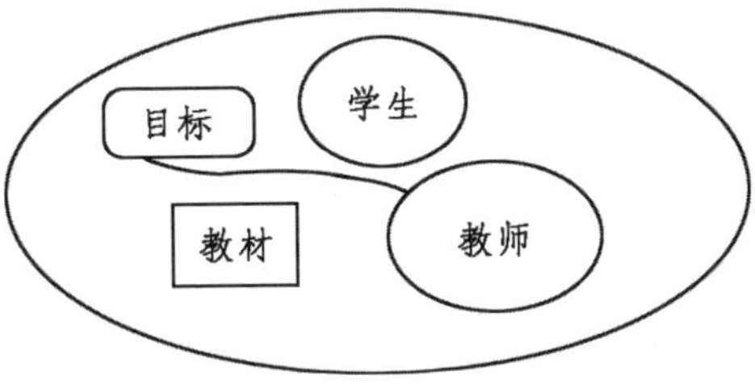

图 2-5　教学过程示意图

例如，在人美版美术二年级上册《会变的线条》一课中，对于毕加索的名画，学生做初步了解就够了。对于教材中不足的内容需要补充，例如要避免出现太多具象性的范作。教学要考虑到学生的兴趣，对低年级学生的技法要求一次一般不要超过三个知识点，需要提供一些外部“刺激”，学生最好采取画画玩玩的形式。此外，还要考虑教师身边的教学资源有哪些，自身的教学风格有什么特长。考虑到这些障碍和目标，我们才有可能设计最佳的教学路线，并且获得最大的动力因素了。

三、目标到哪里去——目标需能主体间转化

教学的难点在于将教的目标，转化为学的目标。只有这样，才能将学生“推断的需要”转化为“明示的需要”。对此，美国教育家内尔·诺丁斯认为，明示的需要就是指“那些在需要者内心产生的需要”。推断的需要就是指“那些从外部引发出的需要。”“幸福教育的一个特征是在明示的需要与推断的需要之间建立了一种基于持续对话的平衡。”由此可见，成功的教学就是促成目标的转化。不容置疑，具体到每一堂课的教学，推动学生学习的第一动力来自教师。有的教师不善于促成这种转化，例如，在教学《茂密的花》一课中，教师会一味要求学生采用前后遮挡的方法，尽量把构图画饱满，而忽视了对为什么要这样画的原因阐释，忽略了茂密和疏朗是辩证统一的……把教学变成了教师的为教而教，学生的为学而学。成功的教学需要有一种转化的过程，正是这种过程才促使了教学的质变，才能推动学生的高质量学习。这种转化根据皮亚杰的智能发展理论，具有顺应和同化两种方式，平衡和转化是上述两种方式的过渡。例如，我看到樱花在校园中飘落的景象非常唯美，连学生也受到了感染，他们收拢落在地上的花瓣，然后抛洒在空中，尽情地享受“花瓣雨”的洗礼。我灵机一动，这不就是最为生动的教学资源吗？于是，我编制了教材《飘》。我把樱花花瓣抛向空中，学生都兴奋起来。然后，我让学生设计抛洒纸片的游戏，大家玩得不亦乐乎。接着我让学生观看纸片落在地面上的形状，发现飘的美感。大家发现，很多大师的作品都有

一种“飘”的动感。大家来劲了，有的用纸片做成《幸福家园》，有的贴成了《游动的鱼》，有的还开了个玩笑，做成了《彩色比萨》。转眼间，学生们在笑声中结束了学习。下课后，在操场上，一群学生正在将纸带、纸环抛向空中，眼神也随之灵动起来，那种着迷的表情，让人仿佛回到了自由自在的童年。我想，学生课后的延续行为，正是教学目标成功转化的例证。

教学目标的达成，需要投入的因素有很多。其中，准确设定教学目标，合理推进教学目标，成功转化教学目标，是重要环节。

主体间性

——边际教学的师生观

一、什么是主体间性

所谓"主体间性",我国教育家周浩波曾经说过,用意义理论来注释,可以说成是主体间的意义共享。个人认为,主体间性有两层含义,一层是从不同的时间来看,交互成为主体的意思。师生的主体间性,如果从学习的角度来看,学生是主体。如果从教的角度来看,教师是主体,那么在课堂教学中,不是用某一方去压制和改变另一方的主体性,而是共同作为主体,主动积极地建构教学的意义。从另一层空间的含义来看,主体间性涉及自我与他人、个体与社会的关系。主体间性不是把自我看作原子式的个体,而是看作与其他主体的共在。在一定的环境中,在一定的规则下,结成相互作用的集体,共同发挥作用,完成特定的目标和任务。

二、师生的主体间性是怎样的

如图 2-6:

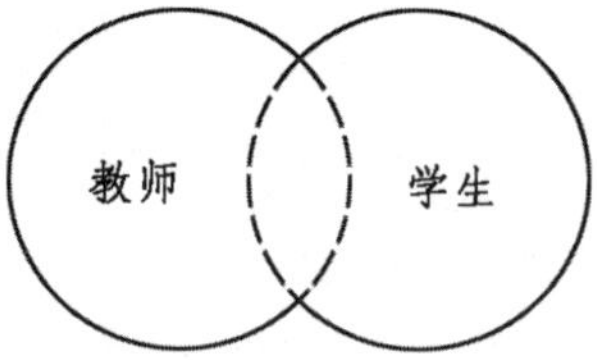

图 2-6　师生关系示意图

师生的主体间性,是指师生之间,主动积极地开放自己的空间,形成一个意义共享的场所,学生在相互之间的交往中,明确相互之间的规则和意义,形成交往的场阈,从而去影响对方。

叶圣陶在《假如我当教师》一文中生动地阐述了这种关系。他说:"我要做学生的朋友，我要学生做我的朋友。凡是在我班上的学生，我至少要知道他们的性情和习惯，同时也要他们知道我的性情和习惯。”叶圣陶写道：“我不仅在教室内与学生见面，当休闲的时候也要与他们接触，称心而谈，绝无矜饰，像会见一位知心的老朋友一样。”从中可见，叶圣陶先生倡导的师生关系，是相互平等的，朋友和朋友之间的关系；又是身份互换的，既是教师又是朋友；还是相互了解的，彼此之间知道性情和习惯，并且彼此相互尊重。

三、师生之间为什么需要主体间性的交往

首先，这样的交往能够尽可能拓宽学生和学生之间、学生和教师之间的交往面。在交往之中，接触到尽可能多的信息量，从而有利于师生关系的多元化发展，有利于交流内容的多样化呈现，有利于交往形式的多渠道展现。

其次，有利于师生之间和生生之间的交往。在相对开放的交往环境中，双方能够相互体验，改变自己的交往立场，共同遵守规则，提高交往的智慧，形成交往的习惯。

最后，有利于师生和外界交往联通起来。教师通过与学生的交往，能够了解学生的世界，并且接触到家长的信息，做好家校的沟通。学生通过和教师的交往，能够了解课堂的规则、社会的要求、课程的标准。因此，师生和外界相互沟通，才能办出让社会满意的教育。

四、边际关系为什么能够成就师生

边际是意义共享。有人说，教师的职业有多“贱”。也有人说，教师的职业有多“神圣”。前者往往在诋毁了教师的同时，也贫乏了自己的人生。后者在尊重了教师的同时，也收获了富足的人生。我忽然想到了苏东坡和佛印的一个故事，苏东坡嘲笑佛印，像一坨屎。佛印却说苏东坡像一座佛。理由是心中有污秽，眼中有污秽。心中有佛祖，眼中有佛祖。当时只觉得，这是佛印的辩论智慧。然而，经过长久的人生体验，我却发现，这就是人生的哲理。对于师生之间的关系，有人说，教师要俯下身子，和学生平视，这样才能看到学生的世界。我说是对的，但是有时候也要让学生踮起脚尖，和教师

平视，这样才能看到成人的世界。有人说，课堂要以学生为主体，要根据学法确定教法，我认为是正确的。但是我也认为，课堂也需要以教师为主体，让学生尝试用成人的角度去改变自己的学法。课堂不是学生听教师的，也不是教师听学生的，是谁有理就听谁的。古希腊哲学家亚里士多德曾经说过，我爱我师，我更爱真理。由此可见，师生关系建立的基础是真理。所以，师生的一切交往，都是在教育意义的名义下进行的。师生不是单纯的付出与收获关系，不是单一的爱与被爱的关系，不是责任和义务的关系，而是教育意义在起作用，在它的名义下，我们才会有批评、有爱、有责任……

边际是我成就了你。上海著名特级教师钱梦龙有一次在公开课前，看到学生有些紧张，就和学生唠起嗑来。他说自己小时候出奇的笨，曾经留过四级……学生听着都吃惊地张开了嘴巴，紧张的表情一下子放松了，课堂氛围也活跃起来。在这里，钱老师采用了自我暴露法，把自己的“隐私”主动向学生开放，让学生打开了心扉，取得了良好的教学效果。的确，在师生之间、生生之间存在着很多封闭的空间，要打开这些空间是不容易的。甚至有些空间，会成为师生心中永久的痛，影响他们的心理和生理世界。所以，诺丁斯曾经在《教育的幸福》一书中反复强调，教育幸福的根本就在于消除教育的不安全感。美国“最美教师”雷夫，也把课堂安全作为最最重要的原则。然而，在我们不经意之间，往往会造成彼此之间的心理封闭。当教师说“你们还小，有些事情长大后就明白了”，无意间会拉开年龄的差距。当一个学生的回答，引起哄堂大笑，这对学生造成极大的恐惧，会和群体拉开一定的距离……所以，让我们站到对方的位置上，去相互体验，才能够产生真正的价值认同。当一名遭遇家庭困难的学生，站在一群充满幸福感的学生之中，会深深地感受到两者的差距。一名条件优越的学生，怎么能够真正体验到对方因为经济贫困所面临的恐惧和无助……因此，教师要善于发现这种差距，去包容一切，如此，才能找到真正的教学意义，产生教育的职责和义务。

边际是站在彼此肩膀的眺望。在很多高校，导师和学生采取“辩论”的教学方法来上课，让学生带着问题去说服教师，让教师带着思考去培养学生。这多么像牛顿说过的一句话，“我之所以看得比别人远，是因为我站在巨人的肩膀上。”师生之间的交往也是如此，学生需要站在教师的肩膀上，去发现自己的潜能，去欣赏知识花园的美景，去眺望成人世界的美好。教师也要站在学生的位置上，用学生纯粹的眼光去发现学习的意义，去克服自己的惯性思维……只有如此，教师和学生才能在课堂上不断拓展学生和教师的世界，让师生们能够脚踩大地，仰望星空，通过教育的视角，去发现人生的美好。

所以，师生关系的边际，在于走进彼此，在于生成意义，在于突破课堂……

找准增量

——边际教学的评价观

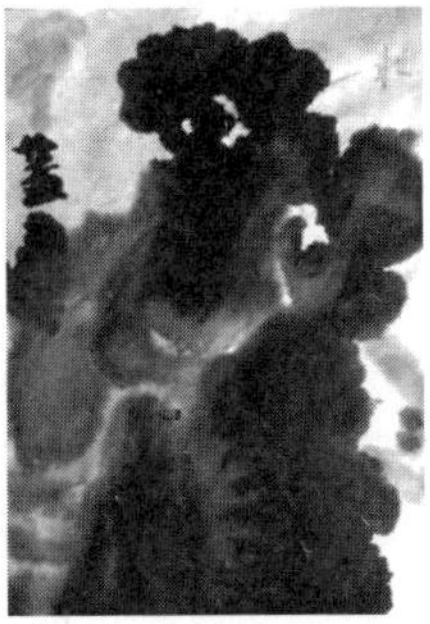

图2-7　学生作品(1)

图 2-8　学生作品(2)

图 2-9　学生作品(3)

这是我在教学人美版美术六年级上册第三课《戏曲人物》中的学生作业，问题一大堆，主要表现为三个方面：一是笔墨功夫不到位，容易画“烂”(如图2-7)。二是没有掌握水墨画作画策略，爱用浓墨进行表现(如图 2-8)。三是没有形成水墨画的审美意识，画出来的水墨画缺少韵味(如图 2-9)。的确，水墨人物画要求笔墨知识、技能非常复杂，如用笔、用墨和用色等。作画过程繁复，必要的有作画步骤、时间控制和墨水用量控制等。“戏曲人物”水墨画情趣比较多样，必要的有戏曲情境、笔墨情趣和人文旨趣等。当这么多的要求加在一起的时候，学生画不好水墨画就情有可原了。

如果用边际分析法对我这一堂课进行分析的话，可以用图 2-10 来表示：

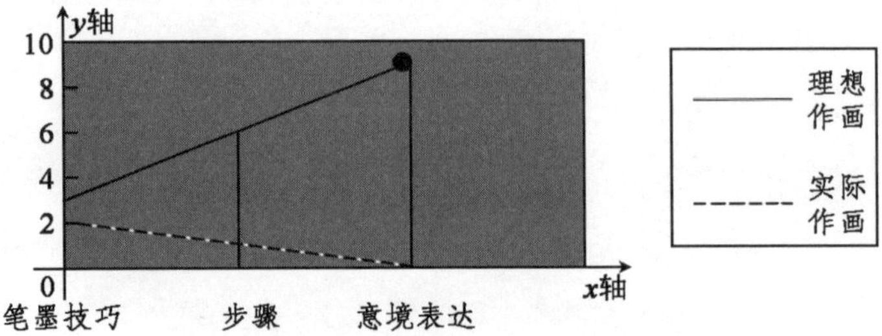

图 2-10　理想课堂与实际课堂边际图

实线为我们理想的课堂，学生的作画过程应该是这样的：学生先要掌握笔墨技巧和步骤（也可以步骤在前），然后根据意境表达进行作画。这个过程应该是一个逐步增加的过程，就是说我要掌握三个技巧、三种步骤和三种意境表达，最后才能达到教学目标——用水墨技巧表现戏曲人物。可是实际的情况呢？（虚线为实际的课堂）学生掌握不了三个技巧（可能两个），再加上步骤不清（画面效果就变成1，y 轴），不明白要表现什么，就越画越糟（画面效果就变成0）。结果，理想的课堂是逐渐递增的，用教学边际来分析，相邻的两个教学环节是逐渐增效的。实际的课堂是逐渐递减的，用教学边际来说明，相邻的两个教学环节是逐渐减效的。两者的教学结果也有天壤之别。

那么，学生掌握不了那么多的笔墨技巧、步骤和意境表达，是否就永远也达不到理想的课堂呢？不是的，关键是如何找到增量，朝着理想的课堂迈进。那么，什么是增量呢？例如，记忆一连串没有关联的数字，我们可以利用谐音，将这些数字进行意义“联接”，从而提高记忆量。这个联接就是将比较复杂的知识结成一个统一体，比如直观表象可以包含很多信息，生活经验可以容纳很多学科知识，直接经验可以综合许多间接经验（当然，前者不一定优于后者）。找准这个增量，能够让学生拉近起点，顺利“递增”，接近理想的课堂。我是这样重新设计这节课的：

一、临摹——知识的边际递增

学生的知识记忆容量是有限的，而看的容量是无穷的，与其让学生一下子记住九个知识点（前文所述），不如让学生看会一个知识点。教师范画（图2-11），学生可以跟着画，也可以自己独创。教师首先示范蘸墨，中锋用笔，先画前面的虞姬，要求勾线一气呵成。你看，一个动作，综合了四个方面的知识，“做”的容量远远大于“讲”的容量。接着讲解蘸色的要求，落色的顺序，浓淡的表现。学生又掌握了用色的方法。最后讲了霸王造型的趣味、墨色的对比和细节的塑造。从意趣的表现方面让学生有了直观的感受。这样的临摹，学生基本上可以掌握笔法、墨法和上色的知识。另外，对作画的步骤，意趣的表现有了整体的感知，对气势、节奏和韵律也有了直观的感悟。通过临摹，学生对水墨画的知识技能有了一个沉淀，形成了自己的造型特点。例如，图 2-12 墨色控制较好，可以把重点放在水分的控制上。图 2-13 水分的控制不错，但造型的能力需要加强。这样就改变了之前教学中笔墨色三个知识点平均用力的情况，学生能够找到自己的最佳搭配。

图 2-11　教师作品

图 2-12　学生作品(4)

图 2-13　学生作品(5)

二、意趣——技法的边际递增

那么多的技法如何统一起来，需要通过意趣的统摄。如果说第一个环节着重解决知识问题，那么，学生对怎样运用这些知识还处于模糊的状态。如果我们一定要让学生掌握先画什么，再画什么；哪儿要用浓墨，哪儿要用淡墨；这样的技法就会既烦琐又呆板。我试着从这几幅画面入手，让学生找找哪些地方最有趣。我指着图 2-14 问学生：“这是哪个情节？”有的学生就说是在船上。“怎么知道的？”“白娘子都站不稳了。”“为什么不画船？”“这样更加突出人物。”你看，学生们一下子就把握住了戏曲意境和笔墨情趣。一方面将前面的笔墨知识综合起来了，另一方面了解了作者的作画意图。图2-15和图 2-16 是用来解决学生的用线技法和用色技法的。这样的设计，就把原来需要掌握的六个知识点(三个知识，三个步骤)，归纳为两个知识点。如果说前者难度太大，不容易掌握的话，后者就难度较小，而且容易掌握了。

图 2-14　高马得画

图 2-15　刘旦宅画

图 2-16　叶浅予画

三、笔性——评价的边际递增

什么样的水墨画才是学生最好的水墨画？如果我们从笔墨技巧等方面去评价，学生们永远都达不到这个要求。而且，如果用这样的标准去评价，学生的兴致会被逐步抹杀的，教师的教学也是不明智的。那么，我们应该如何去鉴别学生水墨人物画的好坏呢？印度哲学家克里希那穆提曾经说过："如果我真的好，我就没什么可教的。我只能示现。"这句话对于教师的启示也是这样，面对学生的作品教师没有什么标准，只要能够"示现"学生本性的作品就是好的作品。如果学生们能够示现出"美"的方面，教师就应该去放大这种"示现"，让全班同学去感知这种示现。为什么学生的水墨人物画的示现有"丑"，那是因为他没有将绘画和人性很好地表现出来。例如，有的学生的水墨画是用笔粗鄙的，可能是他没有好的工具或者内心浮躁。有的是笔法混乱的，可能是他没有理清作画的思路。"画如其人"就是一种很好的评价方法，水墨画就是那么神奇，一落笔，你就知道他是否犹豫，是否胆小，是否仓促，是否快乐……以此为标准，我们才能领略学生绘画的无拘无束、自由纯真的一种独特的美。试想，如果学生画水墨人物画是不高兴、不自由的，他的学习还能有任何进步吗？请看图 2-17 用笔的爽利、自信，图2-18线条的流动，图 2-19 衣纹的动态表现，图 2-20 淋漓酣畅的水墨韵味，都是我为之赞美的地方。这样的评价是学生能够达到的，也是水墨人物画的"绝对标准",因此具有边际增量的效果。

图2-17　学生作品(6)

图2-18　学生作品(7)

图2-19　学生作品(8)

图2-20　学生作品(9)

四、意境——效果的边际递增

学生对于传统戏曲的兴趣不高,了解不深,即使拥有一定的笔墨技巧,也无法体会到戏曲艺术的精髓。教师再多的讲解,也无法让学生的内心深处产生共鸣。与其如此,不如让学生进入戏曲的情境。于是,我让学生边听戏边画画。在学生作画的过程中我强调一点,保持剧场(课堂)安静,并且让学生有充足的时间作画。随着时间的推移,学生逐渐安静下来,清雅的舞台造型,婉转的唱腔,曼妙的身姿……在课堂里弥漫开来。慢慢地我发现了学生动作的变化了,有的学生会秉笔沉思了,有的学生一边作画一边模仿人物动作,有的学生画的线条有了韵律,有的学生用的笔墨淡雅含蓄。至于他们内心的真实想法,让我们来看看他们的描述。

在《戏曲》一课中，我画的作品是《贵妃醉酒》。贵妃醉酒富有诗情画意的感觉，绯红的脸庞加上点水，变成了漂亮的玫瑰色。用毛笔擦出了凌乱的头发，更突出了醉酒的主题。上翘的眼角体现了一丝醉意。用柔软的线条，描绘出醉酒的飘飘欲仙的感觉。由深到淡的红色，表现出浓浓的醉意。

京剧是我国艺术瑰宝，只要你细细品味，一定能明白京剧中角色的用意。

——图 2-21 作者洪鑫淇

如果细细品味，京剧中有许多好看的内容。我比较喜欢旦角，她们的手势，一举一动都是很婉转，很柔软的感觉。我把她们的手势，很经典的动作画了出来，令人看上去有一种温柔、优美的感受。

在京剧中，人物的每一个表情、动作都有它的特殊意义，很简洁，需要仔细、认真地看，才能体会到它的意思。

——图 2-22 作者丁怡婷

图 2-21　学生作品(10)

图 2-22　学生作品(11)

图 2-23　学生作品(12)

图 2-24　学生作品(13)

图 2-25　学生作品(14)

把握教学边际，找准增量，就能让我们接近理想的课堂。

第三部分

边际教学模式

边际:教育的突破口

当所有的人离开我的时候,你劝我要耐心等候。

当所有的人靠近我的时候,你劝我要安静从容。

人生一世,也许看不到所有人靠近的一刻,但是必然会迎来所有人都离开的一刻。

当你失意的时候,也许只能自己舔舔受伤的心灵。当你离开工作岗位的时候,也许只能自己忍受孤独的时空……这个时候,是否能够控制住,能够平衡住,能够经得住……窗外传来一群退休老人肆意的笑声,他们需要用声音来填满老年的孤独。街道走过一群奇装异服的女士,她们需要用他人的眼光来满足自己的虚荣。网络跳出很多吸睛的新闻,他们需要用惊悚来成就自己的欲望……然而,笑过之后,看过之后,发过之后……他们会迎来更大的"失落"。他们也许会说,这样的靠近,太过短暂,如何才能迎来永久的安静与从容?

人民网曾经报道过央视著名主持人董卿的事迹,在少年时期,她的父亲要求她去宾馆、饭店打工。我有些不解,不是说女孩子要富养,男孩子要穷养吗?为什么要让一个涉世未深的女孩到冗杂的场所去打工,就不怕被带坏了吗?联系上下文一看,董卿的父亲实在智慧。他在董卿幼年为孩子定下了三不准则,不准打扮,不准参加文娱活动,不准买新衣服,而要求她多读书、多锻炼。有了这样的基础,就站稳了根基,不怕随波逐流了。饭店和宾馆是社会的窗口,从中能够窥见人生百态。让孩子有了这样的眼界,还怕不能在社会上立足吗?再来看看董卿的成功经历,从平凡走向杰出,从坎坷走向坦途,从质疑走向赞美,靠的不就是这种读书的底蕴,坚强的性格,人生的阅历吗?于是乎,当所有的人靠近董卿的时候,她自然能够安静从容。

在董卿的家庭教育中,自有边际。读书就读得最丰厚,性格就要最坚强,阅历就要最丰富,于是乎,能够面对得到,也能面对失去。哪怕是最大的获得，也不会张狂失措，目中无人，害人害己。哪怕是最大的失去，也不会怨天尤人，瘫痪溃败、失德失行。

教育，不正是寻找这样的“边际”吗？

然而，我们的教育却失去了“边际”。我们在追求成功教育的同时，是否忽视了挫折教育？我们痴迷于赢在起跑线上之时，是否忽略了终点线的赢得？我们一味注目于教育的功利性，是否忘却了非功利的一面？我们在提高学校教育水平的那一刻，是否就忽视了社会教育的重要意义？……我们不是抱怨教育 5＋2＝0 吗？不是感叹于成年人不读书吗？不是疑惑于诺贝尔奖获得者寥寥无几吗？不是惊诧于品行兼优的孩子轻言生命吗？……

问题的症结正在于教育范围如此之大，我们怎么才能寻找到教育的边际？其实，边际总有最大的边际和最小的边际。最大的边际，终其一生不能穷尽，无论任何的天才都不能掌握所有的知识。最小的边际，就是在人生的某一个阶段，总有最适合自己的某一项技能。著名武术家李小龙曾经说过：“我不怕会一万种武功的人，但是害怕把一种功夫练上一万遍的人。”前者指的是大的边际，后者指的是小的边际，然而两者都很重要。前者，在教育上有很多宏观的目标指向，例如，我国的教育方针是培养德智体美全面发展的社会主义建设者和接班人，这是从个人素养方面进行界定的。例如，联合国教科文组织在《学会生存——教育世界的今天和明天》提出了学会学习、学会生活、学会做事、学会生存，就是从人与外界的关系上进行界定的。然而这样的目标太过宏观，于是，我们往往会从某一个方面入手，寻找最小的边界。例如，可以从某种课程入手。读书是一种很好的选择。“书读百遍其义自见”“半部《论语》治天下”，就是通过读书达到的个人修养和外界交往的圆满。当然，两者能否转化是判断边际是否有效的标准。前者要以大观小能够落地，后者要以小显大能有境界。否则，空有一身屠龙之术而无施展之地，抑或昧于一理而不能通达，终究是毫无用处的。

第二个问题，是我们要做到怎样的程度，才算是真正有效的做呢？那就应该做到教育的极致，也就是说做到教育的边际。怎样才算是做到了极致呢？学习要做到怎样的程度才算是极致呢？那应该是掌握了知识的原理，能够享受到学习的乐趣才算吧。教育要做到怎样的程度才算是极致呢？那应该是能够自我教育，能够指导未来才算吧。德行要做到怎样的程度才算是极致呢？那应该是能够做最低微的事情，也能够做最高尚的事情这样才算吧……也就是说，能够在时间和空间上达到最好的自己。我在上海中学考察期间，给我留下印象最深刻的一件事情是，学校由于场地狭小，学生只能在教室里面就餐。高中学生的书桌都堆满了书籍，于是，学生都到走廊里面站着吃饭。但是，学生们非常安静，面带微笑，彬彬有礼。这时我觉得，这就是最好的礼仪和修养。它不在豪华的餐厅里，不在严苛的条例中，不在高傲的表情里。它在艰苦的条件下，在无意识的行为中，在感恩的表情里。具有这样修养的学生，会不珍惜学习的条件吗？会不认真学习吗？会品格低劣吗？……把一件事情做到极致，就能在每一件事情中收到效果。有时候，在战乱环境中走出的球队，不比条件优越的任何一支球队差，克罗地亚足球队就是很好的例子。有时候，年长运动员不一定不如年轻运动员，体操选手丘索维金娜就是一例。有时候，没有经历完整教育的学生，却能够获得极高的成就，诺贝尔奖获得者莫言就是一例。有时候，条件是一方面的原因，更深的原因是我们的主观认识。我们能否把教育做到极致，让学生了解，这是从哪里来的，具有怎样的边界，可能会到哪里去。这样才能让学生找到知识的边际，寻找到自己的边际，从而在边际的突破中去不断进步。

第三个问题，那就是我们怎样才能判断学生达到了教育的"边际"呢？这是边际教育能否落地的最为关键的问题。它不是说，学生读了五遍书了，就已经达到了边际，就完成了课程标准的要求了。也不是说，学生会背诵这首诗了，会做相关的题目了，就达到了教学的目标了。当然更不是说，学生能够掌握更深的知识，学习了更多的内容，就达到教育的边际了。教育中的边际，应该是指人的边际，就是指人学习的最大可能性。这不是一个外在的标准，而是一个已经内化的标准，它需要我们用现象学的方法去重新定位。这个边际有很多人曾经描绘过，例如，孔子说"不愤不启，不悱不发"，认为这样的学习状态最有利于学习。当代语文特级师孙双金曾经用"小手直举、小嘴直张、小脸通红"来描述这种状态。某数学名师用"微微出汗"的状态来判断。斯霞老师用"跳一跳摘桃子"来描述。确实,这些都是学习的高峰体验。在这里,可以用几个关键词来描述,首先,它是进步的,它处于一种递增的状态,是情感上的升华,容量上的扩展,难度上的加深。其次,它是最优化的,这种状态在数量和程度上适合于学生,既不超越,也不低于,而是处于正好的状态。最后,它具有创造性,是学生达到自己学习的可能,处于创造新知识、新经验的边缘,处于情感的解放和学习的自由状态。当然,这究竟是一个怎样的标准,需要我们用现象学的角度去重新定位,去判断,需要我们去准确预设,更需要我们去临时生成。例如,我在让学生欣赏罗丹的雕塑《思》的时候,同学们只看到了一位女士,她在微笑,就再也没有新的发现了。于是我引导学生,"你觉得,这是一种怎样的微笑?"有的学生口无忌惮,"难道是更年期的微笑?"我继续引导,"她的眼神看在哪里?表情怎样?"学生有了新的发现,说:"这是一种'发花痴'的微笑。""你有过这种微笑吗?你还觉得是更年期的吗?"学生们激动起来,纷纷表示,自己也有过,这种微笑是少男少女特有的,对美好未来憧憬的微笑。我继续追问:"作者是怎样表达这种神秘的微笑的?"这时候学生的观察就更加生动了,他们纷纷说:"罗丹是多么了不起啊!他刻画的眼睛澄澈而透明,专注而又迷茫,这也是一种神秘的微笑!""罗丹对人物基座不加修饰的刻画,也是他删除一切不必要的环节,突出面部表情的观点的体现吧?"……在这个环节的交流中,我正是让学生去触碰自己经验的"禁区",寻找新的观察点,得出崭新的正面的观点,从而达到欣赏的"边际"。

如果我们回过来看,边际的教学,是通过自我的极限,去达到认知的极限,从而影响人生的极限。

不尽兴,不是教育。教育的尽兴,就在于对边际的发现和突破。

边际教学模式的理论构架和实践探索

一、边际教学模式理论构建

（一）边际教学理论

边际效应是经济管理学中的一个概念，所谓效应就是“效用程度随着商品量的变化而变化，商品数量增加，效用程度最终会减少。”所谓边际值就是“另外某一决策变量变化一个单位时该变量的变化量”。形象地说，好比饥饿的人吃馒头，吃第一个能够摆脱死亡，吃第二个能增长力气，吃第三个感觉饱了，吃第四个就近乎浪费，每个馒头的效用是不同的。换个角度来说，课堂教学的边际效应关注的就是，教学投入的后一个环节比前一个环节更加有效，最终能让学生正好“吃饱”。

教学过程是一个时间不断延续，知识容量不断扩充的过程，是一个由一系列教学环节组建而成的教学链，环与环之间的关系影响到教学目标的达成效果：前一环节与后一环节的脱节会造成整个教学链的中断，前一环节的弱化会造成后一环节完成效率的低下，前一环节占据的时间过多又会造成后一环节用时的紧张……所以，在环与环之间存在着一个最佳时间和空间的配比，而这个配比就是教学的边际效应。

教学边际的规律是：教学目标＝斜率＋原有知识（能力），$m = d/f + y$（m＝教学目标，d＝通过学习得到的知识或能力，f＝学习所付出的劳动，d/f＝斜率，y＝原有知识）。

（二）勒温的拓扑心理学原理

拓扑心理学是德国格式塔心理学家勒温根据动力场说，采用拓扑学及向量学的表述方式，研究人及其行为的一种心理学体系。勒温否定了刺激—反应的公式，认为行为可表示为人和环境的函数，即 $B = f(P, E)$，认为行为（B）等于人（P）和环境（E）的函数，行为是随着人和环境的变化而变化的。

(三)考夫卡的格式塔心理学原理

考夫卡在20世纪30年代提出了格式塔心理学原理。“格式塔”(Gestalt)一词具有两种含义。一种含义是指形状或形式,亦即物体的性质。另一种含义是指一个具体的实体和它具有一种特殊形状或形式的特征。在格式塔心理学家看来,知觉到的东西要大于眼睛见到的东西。任何一种经验的现象,其中的每一成分都牵连到其他成分,每一成分之所以有其特性,是因为它与其他部分具有关系。由此构成的整体,并不决定于其个别的元素,而局部过程却取决于整体的内在特性。完整的现象具有它本身的完整特性,它既不能分解为简单的元素,它的特性又不包含于元素之内。(库尔特·考夫卡《格式塔心理学原理》)

二、边际教学模式的认识

(一)边际教学是关于学生发展的问题

苏霍姆林斯基曾经说过,如果教学没有让学生获得哪怕一丁点儿发展,那么这节课对学生来说就是没有意义的。德国心理学家勒温在《拓扑心理学原理》中对个体的描述为,“心理学必须给每一个体和他自己的环境确定一个分离空间。每个这类空间相当于一个心理生物世界的总体(从科学理论的观点来看,它等价于整个物理世界)。这些世界‘在动力上是不封闭的’,对于心理学之外的某些影响来说,它们具有边界或者它们的每一个点显示边界属性”。而学生的发展和心理发展具有相同的属性,伯奇和科布说:“发展为此是一个阶段为下一个阶段做准备并发起下一个阶段的生态继续。”而这种发展的“准备”和“继续”都需要在“边际”上或者越过“边际”。苏霍姆林斯基在《给教师的建议》中描述道,“教师要善于确定:每一个学生在此刻能够做到什么程度,如何使他的智力才能得到进一步的发展——这是教育技巧的一个非常重要的因素。”“在此刻能够做到什么程度”和勒温提出的“心理空间”具有一定的相似性,由此可见,边际教学直指学生发展的问题。

（二）边际教学是关于教学实践的问题

边际是一个单位教学自变量的变化所引起的教学因变量的变化。它涉及最小的单位，也就是关于教学实践的问题。美国教育家申克在《学习理论：教育的视角》一书中写道，“要塑造行为，教育工作这应该遵循以下步骤：①了解学生现在能做什么事情（起点行为）；②了解希望他表现的（终点）行为；③认识学生所在环境中的潜在强化物；④把终点行为（第二步）分解成可以按顺序掌握的细小步骤；⑤经过不断地强化每一个接近终点的行为，使学生由起点行为逐渐地向终点行为靠近。”他把目标分解为具体的行为，和教学边际的展现方式一样。沟通了理论和实践、目标和方法、结果和过程，是一种直指教学实践的理论。

（三）边际教学是关于教学智慧的问题

有了学生的发展基础（教学目标）和教学实践（教学行为），是否就是智慧的教学呢？亚里士多德曾经指出：“思维是从惊奇开始的。”辛尼加说：“一切艺术的种子都已经种在我们的身上，上帝把智能从黑暗中引出来。”教学的意义就在于激发学生的惊奇之心，催发学生的智慧种子。也就是在教师的教和学生的学这两种行为之间保持着适度的张力。著名特级教师王崧舟在教学《我的战友邱少云》这篇课文时，一位学生突然站了起来，激动地说“邱少云真傻！难道他不会跑？”“我知道，你一定不想让邱少云死！”王老师说，这位同学用力地点了点头。“邱少云也不想死，可是他毅然选择了死亡。这时，他肯定听到了一个声音。你们听到了吗？”一个学生说：“邱少云，全体战士在看着你，全中国人民在看着你，全世界人民在看着你。”一位学生说：“养兵千日用兵一时，是英雄还是狗熊就看你的了！”……同学们群情激奋，用自己的语言阐述了什么是真正的大智大勇、大仁大义。在此，我们看到了王老师给学生创造了一条最佳的路径——用最轻松的方式取得了最好的教学效果，这是一种智慧的教学方法。由此可见，在学生的付出和所得，教师的教和学生的学之间保持适度的张力，是边际教学需要的动力特征，这是一种智慧的教学方法。

综合而言，边际教学要确立学生发展区域，选择教学行为，保持动力特征——这就是边际教学模式的设想。

三、边际教学模式的过程

区域定位 → 行动预设 → 激起需要 → 边际推进 → 智慧建构

图 3-1　边际教学模式示意图

1. 区域定位

根据学生水平、教师经验、课程内容，确立连通区域。将教学目标置于学生已有水平之上，教学起点置于学生已有水平之内。根据长期目标，形成短期目标，确立教学路径。

例如，我在《会变的线条》一课中是这样区域定位的：首先根据年级对教材进行定位，一年级《我们身边的线条》，二年级《会变的线条》，三年级《跳舞的点和线》，四年级《线条的动与静》。从编撰的目的来看，从具象走向抽象，从外化走向内化，从空间走向时间是一个重要的趋向。从前后关系来看，《奇妙的爬行》《我们来跳舞》《泥条头像》《雄伟的塔》中的内容都涉及线条造型，包括动态、内部形体以及意象等。从教材中学生范画来看，学生对于毕加索的名画认同和理解有困难，学生的作品比较集中于一些图案的装饰，没有在造型上得到进一步的拓展。

从学生的线条造型能力来看，线条的准确程度，有意识的表现程度不强。线条是美术造型的基本因素，古今中外、大师与顽童的美术作品都离不开线条，本课定位为能够用变化的线条进行造型，初步读懂不同线条的内涵意蕴，掌握富有个性化的造型方法和步骤。

2. 行动预设

将目标细化为具体行动的连接，包括教学结构、内容、策略、方法、途径、工具的设置，教学行为、语言、表情的展开，这一切要符合学生、教师和教材的行动规律。

例如，我在《会变的线条》一课中，以“变化”为核心，具体从线条、形体、意象的变化出发，让学生有意识地运用变化的线条进行造型。营造变化的情境，从创造中体验艺术的乐趣，体验最奇怪、最美丽、最有趣、最活泼等变化。教学流程设计为：点线面的变化—揭题—变化线条—变化形体—变化装饰—线条变变变的创作—拓展。

3.激起需要

需要是推进教学过程的动力因素，教师、学生、教材的需要被共同激发，打造合适的课堂氛围，形成适度的强化措施，推动并维持课堂教学进行。

例如，我在《会变的线条》一课中是这样激发学生需要的，首先，教师播放 FLASH 课件，让学生直观了解点线面的变化和组合，然后出示“金箍棒”的形象，对学生说：“如意金箍棒能够变幻出许多形状，你们也想有一根吗？今天，我们就来借一根如意金箍棒，画一画《变化的线条》，好吗？”通过如意金箍棒的原型，激发学生学习的需要，强调了“变化”，并贯穿学生学习的始终。

4.边际推进

根据具体的最小的任务，采取最合理的途径，落实到具体的行为、语言和情绪之中，不断调整任务的进度，通过最小的付出取得最大的成果的教学原理，能够很好地完成既定的教学目标。

例如，我在《会变的线条》一课中，将教学任务——运用变化的线条进行有意识的造型练习，分解为三大块。第一块：线条变变变；第二块：形状变变变；第三块：组合变变变。同时，还提出了线条练习的三个要求：创新、造型和美观。

在第二块“形状变变变”的设计中，为了激发学生变形的兴趣，教师采用了翻绳游戏，唤醒学生童年的回忆，感受到线条组合的变化无穷。在欣赏毕加索的作品时，教师让学生体会不同线条的组合，但并没有做过度的展开。

5.智慧建构

通过作业、展评、拓展等环节，让学生了解课堂学习的价值和意义，从而形成艺术智慧。

例如，我在《会变的线条》一课中，设置了这样的环节，让学生跳出美术学科,"看看"音乐、文学、诗歌等作品中的"线条",从而提高了学生的学习迁移能力,激发了学生对线条的哲学性思考。

子模式群:①教材分析—教学预设—行动设计—过程展开—验证—巩固;②畅想—规约—情景设置—传授—运用—自我小结;③边际练习—概括总结—适度展开—最优展开—整理;④教师体验—三维融合—师生体验—学生主体体验—师生评价;⑤课程边际—教师边际—学生边际—过程边际—拓展;⑥整体—局部—整体—拓展。

四、边际教学模式的设计和评估要求

表 3-1 边际教学模式设计、评估表

要求 内容	设计	评估
教学目标	课程、教师、学生三位一体,短期和长期目标的结合。	以学生为主体。 大部分同学能够完成目标,体会到目标的价值。
教学内容	连通学生已有知识和未有知识,能够反映学科知识的本质。	能够面向全体学生,有利于提高学生素质,得到在单位时间内的最大收获。
教学方法	贯通教学理论和实践的方法,能够体现教学有效性。	简洁、高效,能够体现教学规律,利于师生操作。
教学手段	手段丰富,形式直观,运用灵活,直指学生发展。	契合学生实际,双方能熟练掌握,利于目标的达成,具有一定的合理性。
教学氛围	能够对学习过程产生围绕,形成动力系统,推动教学的展开。	能贯穿活动的过程。 能够符合学生年龄特点,体现课程意境,促成教学重难点的解决。
教学反馈	准确反映学生学习情况,提出适度发展期望。	反馈对于学生的影响,教学目标的完成,教学规律的揭示等方面效果最优。
板书	反映教师、学生、课程的核心内容和结构。	清晰而有条理。 体现重点、难点知识。

五、边际教学模式

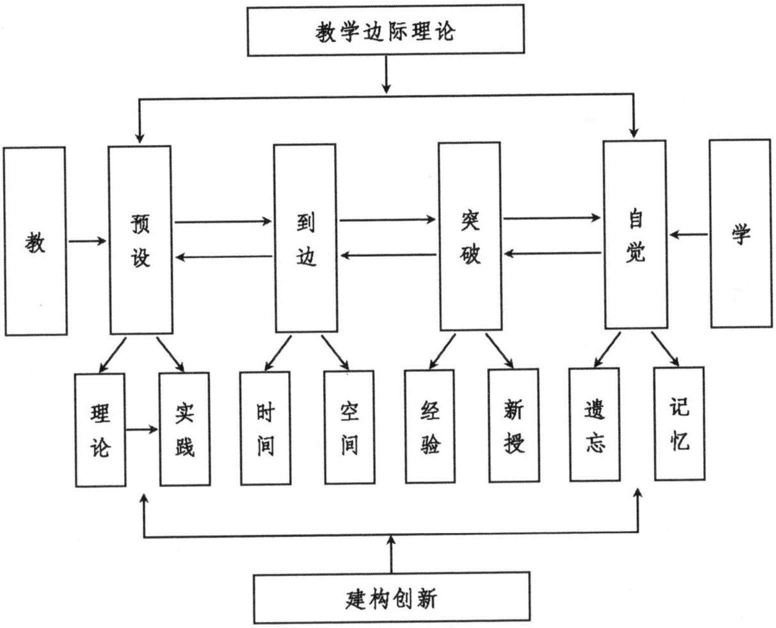

图 3-2　边际教学模式框架图

六、边际教学模式的实施策略

(一)从理论到实践的策略

边际教学模式认为良好的理论具有实践性,良好的实践具有理论性,理论和实践是可以沟通的,方法是边际落实。例如,教学原理与长期目标是存在一定的边际关系,即通过教学目标的实施体现教学原理。大小依次为原理和长期目标、长期目标和短期目标、短期目标和教学途径、教学途径和教学方法、教学方法和教学行为、教学行为和教学工具等等都存在着边际关系。最后落实到的实践行为必然带具有理论的高度,必然能够通过行为直达教学原理。因此,此模式的实施需要建构从理论到实践的策略。

(二)数值定位的策略

如何达到教学边际,需要数值化的定位。这种数值定位的方式有的是相对稳定的，例如，学生的绘画发展阶段，形象记忆能力等等方面，都有固定的数值。有的是需要我们动态把握的，如何通过最少的付出取得最大的成果。在一些教学活动中，通过微格研究，通过“洗课”等方式，能够取得最合理的组合，获得相对准确的数值。例如，我在《猜猜我是谁》一课的教学活动中，让每组第一位同学画背景，后面同学画前面同学的背影，每一组完成一幅由背景和背影组成的画面。这样的设置，同学在纪律上无法交头接耳，速度上要追求整体统一，作业质量上要接受小组评价……一个最简单的设置，取得了相对较好的效果。在课后学生作业满意度的调查上，93.8％的同学都比较满意，大大超越了前几堂课的水平。

（三）边际操作的策略

课堂教学是由一个点一个点组成的，这就要求我们做好每一个点。我们经常可以遇见这样的现象，某一个难点无法突破，会造成整节课的“垮塌”。而追求每个单位的最优化，是边际操作的主要策略。教学实践者最后的落脚点都要关注一句话，一个动作，一种情绪。例如，我在教学《面具》一课中，无意听到了一位同学对自己作品的评价——“难看死了！”的确，学生画得不太好，但是他没有发现自己作品的优点——把眼睛画成了星形。于是，我让同学评价这件作品的创意，发现这样的处理方式全班同学只有一位——这种创造力是多么与众不同啊！——这不是丑，而是美！全班同学都形成了这样的观点。这样的一个“点”的处理，不仅使学生转变了审美观，而且提高了作画的积极性，取得了良好的作业效果。

目标设计模式

——边际教学目标的演绎

边际教学中的目标，具有一定的深度，是深度学习的基础和前提。

一、对深度学习目标的认识

“深度学习”理念的发展有个过程。它最早是由两位美国学者 Ference Marton 和 Roger Saljo 在 1976 年提出来的。他们比较了深度学习和浅层学习的区别，认为深度学习是一种认知的策略。随着研究的深入，深度学习的内涵有了很大的丰富。布鲁姆的目标分类学理论、斯皮罗的认知灵活性理论、弗莱威尔的元认知理论、帕克·帕尔默的教学共同体理论等等的介入，大大拓宽了深度学习研究的范围。

什么是深度学习？深度学习是指在理解性学习的基础上，学习者能够批判地学习新思想和事实，并将它们融入原有的认知结构中，并能够将已有的知识迁移到新的情境中，做出决策和解决问题。（王钰《杜威的教育思想与深度学习》）由此可见，深度学习并是指学习的难度。它的主要特征表现为三个方面：“活”，具有一定的灵活性；“牢”，建立牢固的知识结构；“长”，是一种长期学习方式。

与深度学习相对的是浅层学习，它是一种低效的学习方式，是深化课堂教学中必须突破的“瓶颈”。林为民老师就指出“对学科本身的魅力和关键知识的‘深度学习’把握不够，由此造成课堂教学表面热闹，实际效果堪忧”（《重建“深度学习”的课堂教学》）是学科教学中存在的重要问题之一。学生在课堂中兜圈子，浅层次的理解，浮光掠影的活动，买椟还珠的教学比比皆是，如何让学生举一反三，找到学科知识的核心，发现学科教学的魅力，让学生“在掌握知识的道路上前进哪怕是很小的一步”（苏霍姆林斯基《给教师的建议》），是教学走向“深度”的关键。

詹森在《深度学习的七种有力策略》中提出,"设计标准与课程"是深度学习的第一个策略。在具体的课堂教学中,"标准与课程"首先体现在"教学目标"上。深度学习需要设定深度目标,它是深度学习的起点。

根据深度学习的特点,深度目标是指能够建立适合学生的知识结构,提高学生批判、运用能力,促进学生素质深入全面发展的教学目标。与浅层目标不同的是,在教学"时空"方面,它的起点要更"深",更加贴近学生实际,注重核心知识,把握教学本质。落点更要"远",能够拓展学生知识结构,灵活掌握教学方法,促进学生素质最优发展。

深度目标的落实需要有深度的设计。如果没有深度的设计,再好的教学目标也如空中楼阁,无法让学生受惠。设计的深度主要表现在教学内容、方法、评价等要素能否在教学目标的指引下,整体发挥功效,让学生获得最佳的发展。也就是说,教学目标能否"落地生根"。

边际教学中目标设计的模式为:

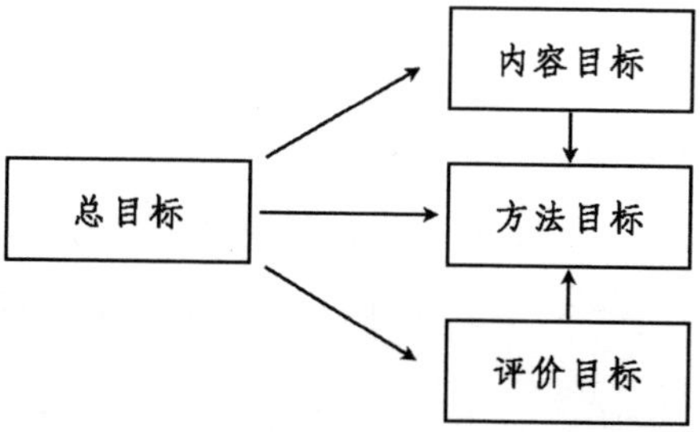

图 3-3　总目标和三维目标关系图

1. 总目标设计

从时间和空间二维展开,从主体、过程和成果三个方面进行厘定,准确表达三维目标。

2. 内容目标

从总目标入手,展开为时间和空间两个维度,从内容的由来、体系和可能三个方向,细化为内容目标。

3. 方法目标

从总目标入手，展开为时间和空间两个维度，从效率、效益和效果三个角度，细化为方法目标。

4.评价目标

从总目标入手，展开为时间和空间两个维度，从真实性、现实性和开放性三个角度，细化为评价目标。

5.形成一个相互联系的整体

内容、方法、评价目标相互关联，形成一个整体，并且能够在实践和空间内展开运用。

二、总目标设计：空间和时间的吻合

深度目标的设计仅仅是一个“空间”问题吗？在课程标准中，教学目标的分类是从空间角度展开的，无论是三维目标，还是布鲁姆的目标分类。这种静止的目标对一线教师带来的困难就是，无法明白教师和学生已有的目标是什么，这节课上所应达到的新目标是什么，未来学生要达到的目标是什么。随之而出现的问题是，这节课的教学目标能否为大部分同学所接受，教师和学生能否达到，这对学生的终生发展有什么好处。这些指向时间的诉求，直接关系到空间目标能否达成。就好像我们去旅行，你设定了一个个目的地（其实是空间目标），你还要考虑到早上到达什么目标，中午到达什么目标，晚上到达什么目标。否则，可能出现的状况是，一双不合脚的鞋子就让你寸步难行，或者你能看到这个目标，但是永远也无法到达。

因此，再好的空间目标，也需要时间目标的配合。没有哪一个目标，是可以脱离时间因素，单独存在的。空间和时间是教学目标的两个维度，它们相互融合，共同发挥作用。

而要设计好深度目标必须考虑好三个因素，谁去，怎样去，到哪儿去，三者缺一不可。

首先，谁去？当然是教师、学生，还有一些教学媒介（包括课程、教法、教具等等），如图 3-4：

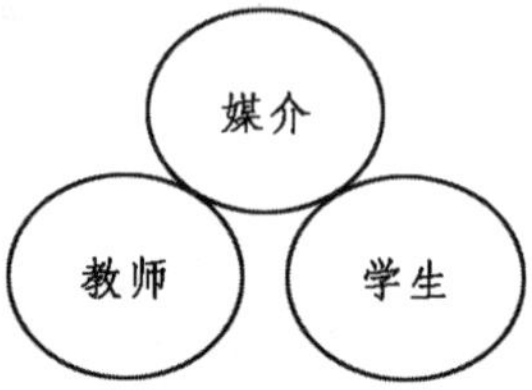

图 3-4 教学主体关系示意图

其次，怎么去？当然是这三者开放起来，一起去。用图 3-5 表示比较清晰。

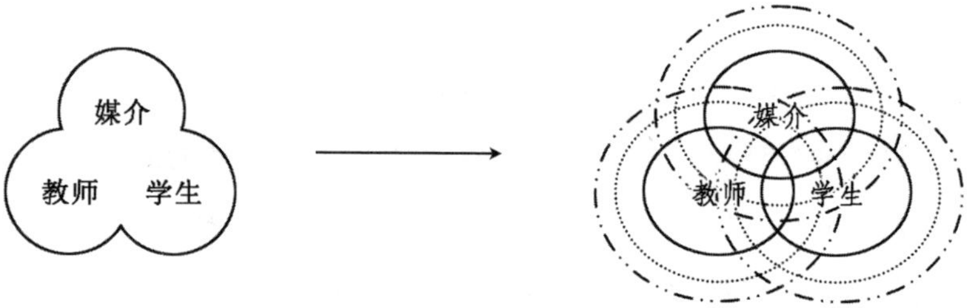

图 3-5 教学主体开放示意图

开放是认知的一种方式。勒温认为，“开放区域的特性为，对于区域的每一点来说，存在着一个围绕，它完全位于该区域之内。”(《拓扑心理学原理》)图 3-5 左边示意的是教学的开放：教师、学生、媒介打开自己的领域，形成一个认知的范畴，从而达到对彼此的认识。图 3-5 右边示意的是，这三者不是一个静态的领域，而是从已有—现有—未有发展的。试举一例，教师根据已有的教学经验，通过和学生、媒介的交往，获得了现有的经验的增长，并且引导教师向未来的教育型专家发展。(三组不同线型的同心圆，就是这样发展的)。

第三，到哪儿去？当然要设计最佳的行走路线。如图 3-6：

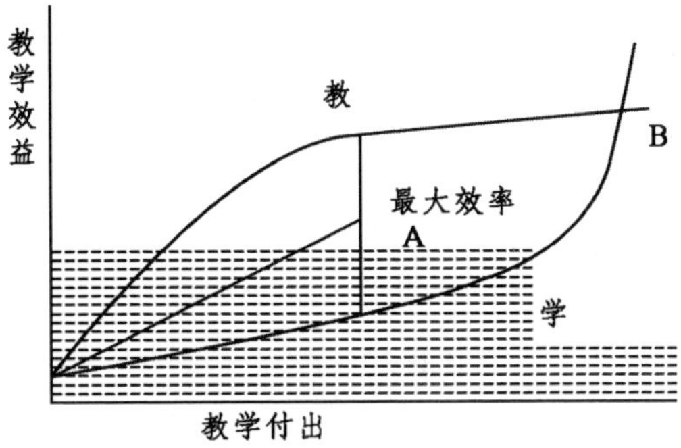

图 3-6　教学深度目标推进路线示意图

其中,A 点是最佳目的地,最粗的 A 线是最佳行走路线。如果我们将教学比作一次旅行,那么其中的灰色部分是我们已有的经验,我们的教学应该是从中出发,到一个我们还没有去过的地方(未有知识、白色部分)。由于我们行走的队伍有能力的高低,所以不要奢望达到 B 点,那只有个别人能够达到,或者说只是一种理想状态。我们当然想如上面那条曲线一样走得轻松,到达最远,而我们的能力和惰性可能会拖后腿,像下面那条曲线一样缓慢而沉重。于是,最佳的旅程应该是走一个折中路线,A 点是一个最佳选择——大部分人都能到达,既不会拖垮身体,又有一定的锻炼价值。因此,穿过 A 点的这条线,应该是行走的最佳路线。教学目标的设置也应该是这样。

而深度教学目标的设计,就是这三者的结合。如图 3-7:

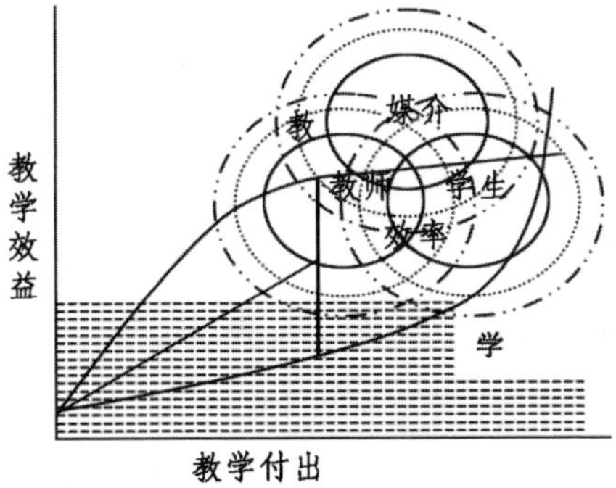

图 3-7　教学深度目标整体设计示意图

试举一例，如在教学人美版美术五年级上册《学画抽象画》一课中，课程目标要求学生创作一幅抽象画。这需要对媒介、学生和教师三个方面进行分析，他们已经拥有什么，本课需要达到什么，未来指向什么。因此，我首先将教学目标进行时间分析：在已有方面，学生已有一定的写实绘画经验；在现有方面，掌握抽象画的方法；在未有方面，能够对现实生活进行抽象表达。

但是，这样的目标是否符合媒介、学生和教师实际？如果从教材分析，前一课是《认识抽象画》，学生对抽象画知识有了一定的了解；从学生分析，他们处于视觉写实阶段，抽象思维能力有一定发展；从教师分析，教师掌握一定抽象画知识和方法。因此，我将教学目标进行微调：学生初步掌握抽象画的策略、方法。

那么，应该教到怎样的程度？也就是说，应该怎样设计教学步骤、策略和方法？我再从空间方面进行设定。知识与技能：运用直观的策略，让学生掌握抽象画的抽象和组合的方法。方法与过程：采用情景教学法，教学过程表现为概念—欣赏—情境—示范—创作—交流。情感、态度、价值观；学生能够感受到抽象画的美感，能够尝试用抽象画去表达这种美，形成多元的审美价值观。

这样设计的目标就比较具体，比较有“深度”了。

三、子目标：目标的演绎和实施

深度目标下的师生教学行为应该是高效的，师生所运用的内容、方法和评价都紧紧指向目标，它们共同发挥作用。目标对内容、方法和评价都产生一定的“引导”作用，所以说它们相互影响，是动态生成的。而某些教师往往把目标看成是“静止”的，就像“飞矢不动”的谬论一样。其实目标是运动的，目标决定着你拉弓的角度、力度、方法。教学也是一样。有些专家往往把教学目标和内容、方法进行分割，诸如“目标比内容更重要”“教什么比怎样教更重要”，其实它们之间联系紧密，是可以进行演绎的。这种演绎不仅仅是将目标加以分解和细化，还需要进行生成和创造：内容就是目标的具体化，方法就是目标的实践化，评价就是目标的达成度……

（一）总目标演绎为内容目标

勒温在《拓扑心理学》一书中，认为教学目的是由每一个行为组成的，“对于我们的目的来说，我们能够以可逆形式来陈述的定义如下：一个能够进行或不能进行的位移，相当于心理生活空间内的每一条道路。”并以某人学医举例说明。某人立志成为医生，他必须完成高中学业，并且进入医学院，最后才能成为医生。如果其中一个环节“走”不通，可能会影响他的理想的达成度。在教学中，每一个“位移”就是具体的内容，关键我们要选择能够开放（走得通）的道路。

把深度目标演绎为具体的内容目标，需要遵循以下三个策略。首先，这样的内容目标要有一定的广度，能够建成适合学生认知的内容体系，能够把学习路程走得更为宽阔。其次，要有一定的灵活度，能够利于学生记忆和运用，能够“走通”学习路程。最后，能够有一定的长度，能够促进学生进步，利于学生进行长期学习，能够“走长”学习路程。

例如，我们要求学生画抽象画，不是仅仅教给他们知识和方法就够了，起码还要从三个方面让他们“走通”。一是为什么要学，二是怎么学，三是学了以后有什么用，而我们往往会忽视前一个和后一个要求。

例如，在《学画抽象画》一课中，我就设计了这样三个有一定逻辑联系的内容。

为什么要学习抽象画？我首先让学生复习了上节课的内容：抽象画的定义（一种运用点线面色表达生活和思想的绘画）。然后出示了几幅世界名作，让学生了解画家的思想感情。学生基本上能够猜得八九不离十。随后教师小结，抽象画不是无迹可寻，它是可以用来交流的。这样学生就了解了学习的价值，形成了一定的动力。

怎样学习抽象画？从对象中抽取点线面色等元素，再在一个主题下进行整合。我出示一个苹果，让学生先看、再切、再尝、再想，抽象程度不断加强，学生的抽象组合能力也在不断得到提升。他们能够综合运用点线面色表现味道，尝试表现《小苹果》的音乐节奏，等等。他们发现，抽象画是人人能够画的。

学习抽象画有什么用？我让学生给抽象画取一个题目，让其他同学猜一猜作者的思想感情，猜对答案，则用掌声回应。由于同学们掌握了抽象画的语言，所以都能够猜出作者大概的思想感情。学生在这样的交流中体验着成功的快乐。接着我让学生找一找所学学科中的抽象知识，一些同学发现，数学中的黄金分割线，音乐中没有歌词的《忐忑》，古诗中的“万紫千红总是春”等等，都含有抽象的成分。他们认识到，抽象存在于我们生活和学习的方方面面。

由此可见，这既是目标，也是内容。

（二）总目标演绎为方法目标

什么样的目标，决定着我们采取怎样的方法。夸美纽斯在《大教学论》中写道，“自然的作为不是杂乱无章的，它在前进的时候，是界限分明地一步一步进行的。”他认为，教学也应该采取最合适的方法，就像幼雏也是先在鸟巢上先学试飞，然后在蓝天翱翔的。例如，在教学《学画抽象画》这一课时，如何让学生看懂抽象画呢？如果我们采取抽象讲解的方式，例如，点的轻重大小，线的快慢粗细，色彩的明暗强弱等等，和人的思想感情的关系。学生可能会听得云里雾里，不知所措。

深度目标演绎为方法应该遵循以下策略：首先，应该采用最简洁的方法，获取最优的教学效益，这符合有效教学的规律。其次，这种方法能够连通起来，形成适度的节奏，促进学生的成长。最后，这种方法具有一定的灵活性，能够适合学生的学习规律，为大部分学生所掌握。

其实，采用直观的方式可能是最佳的，正如上文所说，学生处于视觉写生阶段，由现实入手更符合学生的思维特征。我让学生先品尝苹果，然后要求他们模仿电视节目《舌尖上的中国》中的主持人那样，把这种细腻的味觉用语言表达出来。一位同学说:"味道有点酸。"我不满意。另一位同学进入了状态,"感觉一种凉凉的,酸中带甜的汁液在口腔中喷射出来,舌尖一股清香顿时萦绕开来。"这时我看到有些同学都咽口水了,表示描述很成功。接着我出示三幅表示不同味觉的图画,让学生猜一猜。学生看到了柔软的长线条,粉红的颜色,飞溅的彩点,纷纷表示就是这种感觉。让学生尝一尝,看一看,学生就能发现视觉和味觉之间的联系,抽象画语言与思想感情就能对应起来。它不需要过多的讲解,直观就是最直接、最有效的方式。

由此可见,这既是目标,也是方法。

(三)总目标演绎为评价目标

经过一定的学习,学生会有不同的表现,有的是深度的,有的是浅层的,有的是有意识的,有的是无意识的。教师对此作出相对正确的评价,就能引导孩子沿着最佳的道路发展。苏霍姆林斯基曾经说过,一个好的教师,好就好在他能觉察课的发展情况,正好从本节课发展的逻辑出发,按照此时此刻是唯一正确的道路走下去。这多么像一位经验丰富的舵手,在长久的劳作中还保持着清晰的目标感,即使面对随时出现的风浪,都能把它转变为前进的动力。试想,如果没有对目标的深度把握,教师是无法作出恰当的反应的。

深度目标演绎为评价目标,应该遵循以下策略。首先,评价的标准应该是"真实"的,是对教学现象的真实反映。其次,评价的方法应该是"现实"的,能够针对学生的学习情况进行评价,为学生所认识和接纳。最后,评价的效果是"开放"的,能够推动学生进行后续的学习。

例如,在《学画抽象画》一课中,在互评学生作业的时候,一位同学表示,"我看到这位同学的心情是快乐的。"可是作者却站起来,毫不买账,"我是瞎画的。"言下之意,我是随便画的,所以也不知道什么感情。一时场面有些尴尬。我判断这位学生作画时处于下意识状态,虽然表现缺少一定深度,但是不能说是"瞎画"的。于是,我问道:"那么,你画画的时候高兴吗?"这位同学给出了肯定的回答。我对那位评价的同学说:“你真了不起,说说你是怎么判断出来的?”这位同学说:“他的点落笔很轻快,颜色也非常鲜艳,可以看出他当时的心情是快乐的。”一些同学比较信服,微微点头。我又对作者说:“其实,当你‘瞎画’时,你的情感就已经表露出来了。有的大画家,开始作画的时候也是随意的,但是画到后来,就渗透了一定的思想感情。我希望你也能把这幅画画得更丰富,更明确。”这位同学点了点头。从同学们的目光中,我感受到他们对抽象画的理解更深了。

正是因为教师有了深度的目标理解,所以能够对学生的反应做出正确的回应。由此可见,这既是目标,也是评价。

深度学习,需要从深度目标的设计开始做起。

边际教学内容设计模式

——从哲学的角度入手

我国美术教育专家钱初熹教授曾经对学生做过一项调查:“哪门学科对你的未来最有帮助?”美术排在最后一位。这当然不足以说明,美术学科因为被忽视而不重要。我们往往会用这样的事实来反驳,空气常被我们所忽略,但是我们却时刻不能缺少它。但是,当我们缺少了美术学科时,它的作用还是难以彰显。它不像语文课那样,我们一说话就知道它的重要。也不像数学课那样,我们去购物就能明白它的效用。因此,我认为应该从最普遍的最具有哲学意味的命题中,去寻找它应有的价值,这就是我上这节课的动机。

一、教学内容设计模式

意义唤醒 → 生活定位 → 学术定位 → 实践定位

图 3-8　教学内容设计模式示意图

1. 意义唤醒

将教材内容转化为课程内容,发现课程的哲学意义,唤醒教师和学生的教学需要。

2. 生活定位

唤醒教材的生活意义,了解教材内容在生活中的运用,初步把握生活的基本原理和行为,从生活角度发现教材的边际。

3. 学术定位

唤醒教材的学术意义,了解教材内容在学术中的运用,初步把握学术的基本原理和结构,从学术角度发现教材的边际。

4. 实践定位

唤醒教材的实践意义，了解教材内容在个人成长的运用，初步把握实践的基本意义和方式，从实践角度发现教材的边际。

二、教学实录

师：（在教室门口铺上一张旧报纸）请同学们在报纸上留下自己的脚印。

（同学们一下子来劲了，有的同学用力跺脚，有的同学双脚跳在纸上，有的同学倒着走路，还有的同学无意一拖脚把报纸弄破了。有同学发出感叹，一张报纸报废了。我把这张报纸悬挂在黑板上）

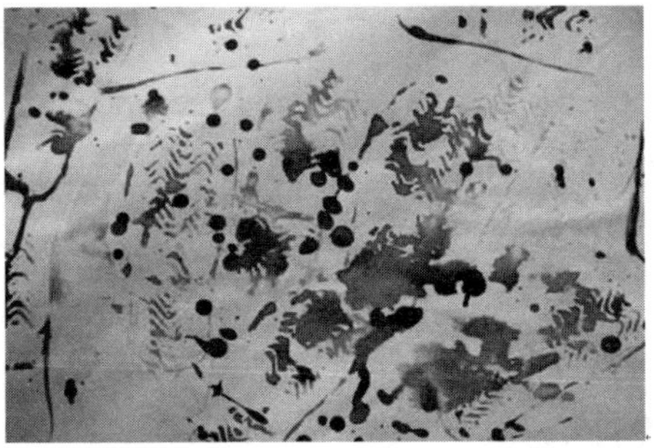

图 3-9　报纸

师：刚才同学说我们浪费了一张报纸。（同学轻松地笑）不是的，这正是我们今天学习的内容。善于观察的同学能够在这些脚印上发现很多信息。（一些同学交头接耳地说：名侦探柯南。）那么，你能找到哪些呢？

生 1：我发现 * * 同学把报纸弄破了！

师：你是怎么知道的？

生 1：我就在他后面，我看到的。

师：其实我们从脚印上也可以看出来，你看脚印头部明显有旋转的痕迹，可以看出他走路有拖地的习惯。其他同学有别的发现吗？

生 2：我发现一个倒着的脚印。

师：我可以断定这肯定是一个比较调皮的同学，谁的脚印？（一位同学笑着低下头，高高举起了手。同学们都会意地笑了起来）

生 3：我发现有的脚印比较清晰，肯定体重比较重。有的比较模糊，可能体重比较轻。

师：你有点像一名侦探了！

生4：我发现有的脚印前半部分清楚，有的后半部分清楚。

师：可以看出他们走路的侧重点不同。（部分同学微笑）

生5：还有的脚印外侧清楚，有的内侧清楚。

师：哎呀！这不是传说中的“外八字脚”和“内八字脚”吧！（众大笑）

师：我们班级哪些同学走路最美？请男同学评选女同学，女同学评选男同学。（学生评选，虽然有些羞涩，但是颇具挑战意味）

师：请他们上来走一走，好吗？掌声响起！

（男女学生表演走路。其他学生兴趣很高，有的大笑，有的鼓励，有的羡慕）

师：女同学走得大方，男同学走得潇洒。

师：那么，哪些老师走路最帅，你们能模仿一下吗？

生：周老师走路很霸气。

师：哦？请你模仿一下，好吗？

（学生模仿周老师走路，同学们点头微笑）

师：果然走得虎虎生风。

生：陈老师走路最美，双手插在口袋里，步幅很小，有点像模特儿。

师：也请你来模仿一下。

（一名男生模仿陈老师走路，同学们笑得前仰后合）

师：陈老师的步伐很有青春的活力啊！

师：可是，老师也发现有些同学走路并不美。有的走楼梯是从楼上滑下来的，有的走路横冲直撞，还有的摇摇摆摆像企鹅……走路之中也蕴含着美术知识，今天我们就来学习《走路的美术》。

（教师板书课题，并在黑板上写下了“走、趋、步”三个字）

师：老师要考考同学们的古文知识，你知道这三个字的意思有什么不同吗？

（学生摇头）

师：那么这些词的意思你们知道吗？暴走——（“快跑的意思。”同学们脱口而出）急趋——是小步快走的意思。（看到学生不能回答，老师说出了答案）步——（“慢走的意思。”有些同学抢答）是啊！在《洛神赋》中一句“步踟蹰于山隅”，一句话就刻画出了洛神的行走之美。

师：你们了解成语“邯郸学步”的意思吗？（生点头）古人行走很注重仪态。（教师出示图3-10，并演示走路）在祭孔大典上，人们是这样行走的，这给你留下了什么感觉？

生：步伐显得很肯定，很有威仪感。

图 3-10　**祭孔大典**

图 3-11　**模特儿走路**

图 3-12　**扭秧歌**

师：（出示图3-11）那么模特儿是怎样走路的，给你什么感觉？

生：模特儿走路是沿着一条直线走的，显得亭亭玉立。

师：当然，这是艺术的走路方式。如果大街上大家也走呀走，那么回头率肯定是相当可观了！（同学们大笑）

师：（出示图3-12）那么，扭秧歌的步伐又是怎样的呢？哪位同学愿意上台来秀一把。

（学生表演，同学们笑着，有的学生跺着脚，情绪高涨起来）

师：这就是八字舞步。

师：还有同学会跳骑马舞吗？（同学们轰然失笑，濮同学情绪有点高，情不自禁地在座位旁跳了起来）

师：（指着濮同学）这就是现在最流行的骑马舞。

师：（停顿了一下，同学们安静下来）这平平常常的走路，还关系到了我们的美术创作呢！大家还记得在北京奥运会上的运动员出场仪式吗？当运动员们走过主席台前的地毯时，留下了一道由脚印组成的绚丽彩虹。它象征着五大洲的运动员在此缔结友谊，创造辉煌。

图 3-13　北京奥运会

师：（出示图 3-14）张旭的草书受到了一位将军的启发，你们能根据它的运笔走势，猜一猜这位将军在干什么吗？

生：跑步！（师摇头）舞剑。（教师肯定：你的知识真丰富！）

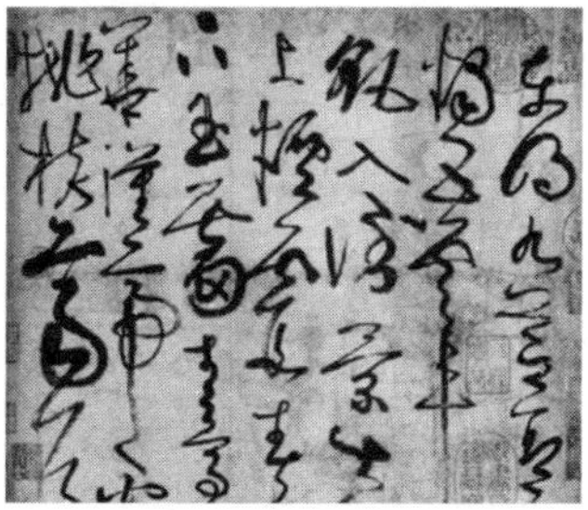

图 3-14　张旭草书

图 3-15　董其昌作品

师：（出示图 3-15）你们能够从画面的线条中感受到作者行走的动作吗？

生：很潇洒。好像步伐有点慢。

师：董其昌的书法和绘画的线条都是很洒脱的，一举一动中都具有古代文人的儒雅之气。

师：（出示图3-16）同学们听过爵士乐吗？（生摇头）你们能根据这幅画猜出爵士乐的特点吗？它适宜用一种什么样的舞步？（教师用鼠标，沿着画中的线条“行进”）

生：有点活泼。好像一跳一跳的。给人以奔放的感觉。

师：（播放爵士乐）那让我们一起来听一听。

生：（纷纷在下面说）节奏感很强烈！有些地方很抒情，像很传统的舞曲。

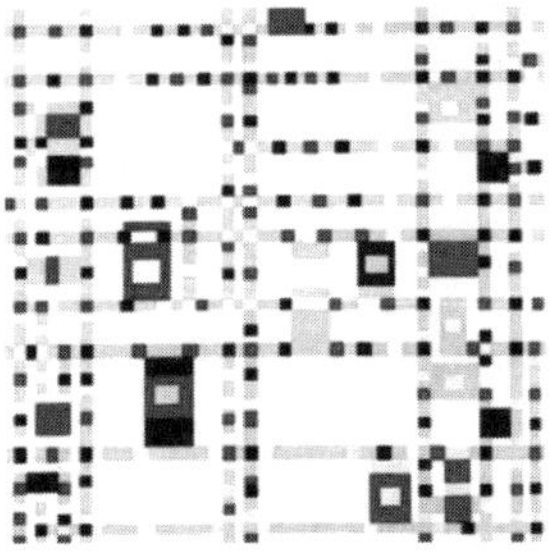

图3-16 《百老汇的爵士乐》

图3-17 《甘苦之岛》

师：（出示图3-17）你们觉得画家的画笔在画布上“行进”的步伐是怎样的？

生1：好像很随意。

生2：很自由，有点随心所欲。

生3：有点奇怪。

师：的确是的，克利的线条比较自由随意、充满童趣，他曾经说过“拉着线条去散步”，可以看出这种散步的心情。你们能看到画家的心里面去了，真了不起。（这几位同学小脸涨得通红，很兴奋的样子）

师：今天我们就用走路的方法，去操场上画一幅脚印画。其实，作画的方法很简单，如果我们沿着一条直线走就变成了一根笔直的树枝。用脚在

地上打拍子，就变成了一朵花。再用前脚掌走，就变成了树叶。（教师一边演示，一边讲解）

师：当然，我们也可以合作完成一幅图画。例如，四位同学背对背在一个中心点站好，然后向四个方向走，就完成了一幅画。我们可以取一个题目——《夏日烟花》。（教师邀请一个小组完成画面。同学们显得很有兴趣，在微笑中露出了惊讶的表情）

师：下面请小组讨论，今天你们准备完成一幅怎样的作品？小组是怎么分工的？

（学生讨论，教师巡视）

生：我们小组准备创作一幅《风中的舞蹈》，四位同学用滑步的方法，画出四条曲线。

师：还可以用脚印画出风中的小鸟或者风筝。

生：（笑着说）我们小组准备创作《骑牛舞》。

师：哦！骑牛舞是怎样跳的？还要考虑画面的美感，脚印不要凌乱。

生：我们小组准备创作《跳房子》，几位同学一起玩跳房子的游戏。

师：哈哈！表现出我们跳跃的童年。

师：同学们，让我们整队向操场进发！（教师引导学生到操场规定区域，分配好任务，学生创作）

（创作开始了，同学们兴致都很高，仿佛又找回了幼儿时期踩水的美好时光，有的同学跳起了骑马舞，有的走着自己创造的舞步；有的同学倒着走，有的顺着走；有的同学各走各的，有的集体行进；有的同学一开始就放开手脚，有的却有些小心翼翼。教师分别到各个小组，指导学生创作。过了十分钟，同学们都完成了自己的作品。教师排好队伍，分别到每组的作品前，听小组成员介绍自己的作品）

师：你们创造的作品题目是什么？请说说它的创意。

生 1：我们创造的作品名称是《十字路口》，是用正步走的步伐创作的，表现了我们的生活处处都是十字路口。

师：很有创意的一件作品，可以看出你们的十字路口，有点像蒙德里安的风格。

生 2：我们作品的题目是《水中花》，这是花瓣，这是枝条和叶子，是几个同学共同创作的。

师：很写实的一件作品。

图 3-18 《水中花》

图 3-19 《童年的音符》

生 3：我们创作的作品题目是《童年的音符》，是从一个中心向四面行走，呈现出发散状。再画上几个音符，表示我们的童年充满活力。

师：还有些同学运用了踩水的方法，很有创意，但是不要把鞋子弄湿！

生 4：已经弄湿了，好在鞋子没有渗进水。

生 5：我们作品的题目是《旋转的星球》，是用转圈的方法踩出来的。

师：很有动感。

生 5：大家能猜出我们作品所表现的内容吗？

生 6：脚印很杂乱，猜不出来！

生 5：我们是在做跳房子的游戏。

师：虽然我们猜不出画面的内容，但是能够感到你们创作时高兴的心情，你们可以把这件作品命名为《童年的游戏》。

师：今天我们学习的美术和以往学习的美术有什么不同？你们喜欢吗？

生1:我喜欢,很轻松,很有创意。

生2:我也很喜欢,从来没有在操场上画过这样的画。

生3:我很喜欢,太带劲了!

师:这样的美术,我们给它一个名称——行为艺术!很高兴看到同学们都喜欢这样的美术。那么是"瞎喜欢"呢,还是真心喜欢?老师还不知道,请你们说说,走路的美术给你什么启发?

生4:原来走路中也有美术,美术存在于我们生活的方方面面。

师:对!我们一说话,一做动作,都涉及美术,这就是我上这节课的意图。

生5:我学到了走路的方法,要好好走路。

师:因为走路可以看出我们的修养!

生6:什么样的走路方法,能够创造出什么样的艺术作品。

师:对呀!画画、弹琴也要像走路一样,端端正正,大大方方,才能创造出美丽的作品来。

生7:每一个细节中都包含着美。

师:你说得真好,有一句话是这样说的,窥一斑而知全豹。从一个人的走路方式中我们可以看出他是一个怎样的人,从一个人的作画动作中我们可以看出他的艺术水平。其实,不仅仅走路中有美术,其他的行为中也有美术的影子。

师:现在,让我们用最美丽的行走方式整队去食堂吃饭。(下课)

三、反思

(一)生活哲学:从事故中走出的美术教学资源

在我们的生活中会有很多难解的教育问题。比如学生会把草纸浸湿,扔到厕所天花板上,形成了一个个"马蜂窝"。我们在为学生的顽皮所恼怒同时,其实也为他们的艺术创意所折服。接下来一个困扰我们的问题就是,面对这种创意,我们应该扼杀呢还是呵护,是用道德的标准呢还是用艺术的准则？以上这个课题就是源自一次教育事故。低年级的学生常常在操场上打滚，高年级学生常常在走廊里奔跑，走通道左右不分，下楼梯一滑而下，甚至在刚刚铺好的水泥地上印上自己的脚印。教师应该怎么办？当然是正面引导，严厉禁止。但是在“大棒”敲打的同时，我们更不能忽略这些问题中蕴含的艺术因素。似乎这样的行为，在我们的童年都曾经犯过。关键是我们怎样正确保护学生的艺术才能，抹除不良行为习惯呢？假如我们换个角度来看，这才是学生需要的课程资源。因为这样的问题来自学生的生活，来自学生的本性。弗莱雷在《教育即解放》一书中写道，“不了解学生如何在其日常生活环境中思考，不了解他们各自独立形成的关于学校的认识，我们就不可能教给他们内容，以便能够既帮助他们理解他们已经知道的知识，又帮助他们理解尚不了解的知识。”叶圣陶也提出，教育不仅仅是为学生的“未来”做准备，更需要解决他们现实的问题。因此，从生活中选取有意义的资源，学生的“问题”可以是一个方向。本课就是对学生的行走问题进行撷取，并进行了适度的提炼和升华。寻找生活中美的行走方式，行走和艺术创作的关系，怎样建立行走的艺术价值观……这一切的问题都是出于当下，都是来自学生，学生还会因为与己无关而漠然处之吗？

（二）学术哲学：回归对美术的哲学思考

艺术当然离不开技术，可是也无法离开哲学。如果摒弃后者就消弭了艺术的价值，如果摒弃前者就剔除了艺术的特色。任何有价值的艺术都可以折射出对哲学的思考，无论是凡·高《星月夜》中折射出来的流体力学的智慧，还是毕加索立体画派中反映出来的时间压缩，或许是达·芬奇《神秘的微笑》中超然的表情……都蕴含着丰富的哲学内涵。正因为如此，我们不妨从当今世界美术动态中，发现对“大命题”的关注，例如，2006 年第一届世界艺术大会的主题就是“构建面向 21 世纪的创造力”。2010 年第二届世界艺术大会的主题就是“艺术面向社会，教育面向创新”。2008 年第 32 届 INSEA 国际美术教育学会世界大会会长平山郁夫指出：我们携带的美的世界是开拓未来的。2011 年第 33 届 INSEA 国际美术教育学会世界大会的主题是“美术·空间·教育”。这些大命题中,都包含着对艺术的哲学思考,对艺术在人类经济、文化和环境中的地位和价值的重新认识。诚然,美术教育的首要问题就是对价值的重新认识和准确定位。这种价值学生是能够认识的,关键是我们要寻找具有普遍意义的题材。这一点我们有些学科就做得很好,例如,语文的《问路》《讲礼貌》,数学的《比一比》等等,都包含着对学科哲学的认识。只要我们引导得当,学生是能够明白其中的价值的。例如,在本课中走路和美术的关系,细节和整体的关系,行为和效果的关系等等,学生的回答充满了哲理。当然在处理哲学和技术的关系上,我们需要辩证对待。

(三)散步哲学:用散步的方式走进心灵

哲学似乎适宜用散步的方式。宗白华在美学散步中写道,“散步的时候可以偶尔在路旁折到一枝鲜花,也可以在路上拾起别人弃之不顾而自己感兴趣的燕石。无论鲜花或燕石,不必珍视,也不必丢掉,放在桌上可以作散步后的回念。”他把自己的美学称之为散步美学。于是乎,宗老先生在未名湖畔散步的剪影就成了永恒历史的瞬间,在流光中隽永,在偶然中必现。正如宗老先生所描述的那样,一些哲学家总是喜欢用散步的方式,采撷自己的思想精华。苏格拉底在雅典的集市上散步、思考,任何生活景象都可以成为他哲学思想的“产婆”。老子骑牛过函谷关,稍做停留就传下了千古绝唱《道德经》。孔子的散步可能有些生活的羁绊,但是在行走过程中随意的思想流露,就成了绵延中华千年文明的“慧根”。达·芬奇在散步中看到的最丑陋的面孔,能够成为他作品中的经典形象。当然,更多哲学家的散步方式可能有所不同,有的善于在梦中游弋,有的耽于在酒精中畅想,还有的乐于在艺术中遨游,虽然他们“步”的形式各不相同,但是“散”的精神却凝结不散。这真是一种奇妙的方式,于是,人们在教学中对“散步”的方式进行了不同的描述,有的说不教就是最好的教,有的说遗忘就是最深的记忆,有的说没有形式就是最好的形式，正是这种散步式的自由形成了教学的理想状态。我便用散步的形式去审视课堂：教师的提议只是一次邀约，说出了学生的想法，我们的散步为何不能成行呢？散步中学生有学生的发现，教师有教师的发现，你的发现感染了我，我为你的发现而喝彩，否则一次旅程该有多么无聊。当思想的负担已经消除，情感的大门悄然打开，泥土的芬芳才会充溢你的鼻端，小草的萌芽才会触动你的心灵。我们能够蹲下身子回顾童年的游戏，我们能够冲破藩篱走向生命的自由，这时，朱自清的话语会跃然出现在我们的脑海，“什么都可以想，什么都可以不想，便觉是个自由的人。”用一颗自由的心去散步，才能领略近山远水本无意，清风明月皆有情。散步不能太过懒散，也不能太过疲劳，达到思想出汗的状态，明白了散步的意义和价值，才是散步给我们的最佳奖赏。这就是散步的动机、情绪、路径和效果，也是教学的理想境界。散步的教学更接近于智慧，更能走进学生心灵。

边际教学评价模式

——从观察到洞彻

亚里士多德认为，科学研究就是在观察事实的基础上，运用归纳上升到一般原理，然后通过演绎推理回到观察的过程。（陈瑶《课堂观察指导》）近代社会学家马克斯·韦伯也指出，所有的社会研究都始于观察，止于观察。根据调查，人类对周围环境的感知有70%以上是通过视觉获得的。可以说，我们每天和观察打交道，观察是我们认知世界的主要渠道。但是，人们也对观察提出了质疑，诸如：

第一，人能看清自己吗？卢梭认为，人最难了解的就是他自己。就像童话中的白雪公主的后母，常常问魔镜谁最美。身处课堂中的我们也常常自问，我的课堂教学究竟怎么样。因此，在课堂观察中常常发生这样的现象，当听课者说教学中教师提了六十多个问题时，授课者常常一脸茫然，“有这么多吗？”当授课者通过录像，再次走进自己的课堂时，常常大惊失色，自己的声音竟然这样刺耳……

第二，我们能看到些什么？在《庄子》中有这样一个故事。宋人有一个治疗冻疮的秘方，把它高价卖给了商人。这位商人把秘方转让给了国王，并且使军队在冬天打了胜仗，得到了封地的高回报。可见，同样的事物由于看待的角度不同，使用的方式不同，能够创生出不同的价值。同样，如果对课堂观察不当，容易产生价值失落的现象。例如，在某次对学生注意力的观察中，有的教师认为学生一边摇晃大腿，一边听课，是一种注意力不集中的表现，甚至把它作为评价一堂课的唯一标准。这样的观察显然因小失大，没有看到教学的真正价值。这样的现象还有很多，例如，有的教师专注于局部的现象，忽视了对整体的了解；有的教师局限于对表象的思考，忽略了对本质的探询；有的教师看到了当下的“利益”，忽视了长远的发展……

第三，看到就是知道吗？在牛顿之前，不知有多少人看到过苹果落地，但是并不知道落地的原因。而牛顿把它放到了这样一个背景中来观察，即为什么苹果不向四面八方飞散，而偏偏垂直下落呢？于是地心引力的理论就进入了人们的视野。同样，在一些课堂观察中存在着一些看到而不知道的现象，例如，当听课者发现教师在一节课上提了六十多个问题时，就一致认定问题多就一定不是好课。像这样的观察就流于表面。

第四，知道就能做到吗？《百喻经》中写道，一位在海上航行的公子哥看过一本有关航海的书，知道了许多航海的知识，对老船长的做法也常常评头论足。后来，老船长死了，掌舵的任务就交到了这位公子哥身上。可是他在面对实际的困难时就惊慌失措了，最终落得个船毁人亡的下场。在课堂观察中也有这样的现象，有的教师就因此而抱怨，为什么他们设计了观察的方案，开展了观察的活动，组织了观后的讨论，但却没有明显的进步？

如何通过课堂观察切实提高教师的专业观察能力，这需要提高我们观察的品质和方法，也许《会变的线条》课堂观察能够给我们以答案。

一、边际教学评价模式

标准确立 → 表象展示 → 边际推进 → 体验验证 → 适度拓展

图 3-20　边际教学评价模式图

1. 标准确立

通过课堂学习，确立活动内容，提出不同层级的活动标准，取得学生认同。

2. 表象展示

通过观察学生的行为和作品，体验学生的内在感受，鼓励学生消除内在的恐惧，挑战个人的表达极限。

3. 边际推进

师生通过相互观察，发现学生在创作过程中的边际现象，让学生获得最大的进步。

4. 体验验证

通过师生相互间的体验，教师发现个人的教学收获，产生对自我表现的判断，学生感受到学习成功的乐趣。

5.适度拓展

教师通过适度拓展，激发学生进一步学习的愿望。

二、结论

(一)主体间性观察：从独享到认同

而所谓“主体间性”，用意义理论来注释，可以说成是主体间的意义共享。(周浩波《教学哲学》)课堂观察中的主体包括授课者、听课者和学生。

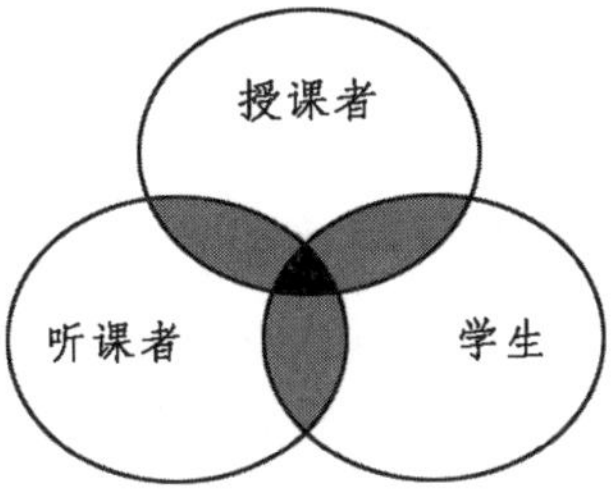

图 3-21　课堂主体关系示意图

主体间性观察，能够扩大观察的“视角”，获得经验的“翻番”。我们常说的“兼听则明，偏信则暗”讲的就是这个道理。如图 3-21，授课者、听课者、学生以共同经验(图中黑色的部分)为跳板进行交流，扩展为三方共享的经验(图中灰色的部分)。例如，授课者的教材定位、学生定位、教学设计等一些内在的经验，通过外释成为共享的经验。听课者认为授课者评价的语言不够丰富，使授课者看到了自己原来无法看到的现象。学生的体验(例如有位学生两次提名自己的作品)，也能够反映出教学情境的有效性。主体间性的观察能够使授课者的独特体验释放出来，同行的经验交流起来，学生的体验补充进来，从而获得经验的“交融”。

主体间性观察，能够准确判断教学的价值。判断一种课堂教学是否有效，不是靠某个人说了算的。在我们的教学评价中，常常出现一些公说公有理、婆说婆有理的现象，同一节课，有的人交口称赞，也有的人嗤之以鼻，之所以如此，是因为他们没有站在主体间性的立场上来看待。课堂教学从本质上说是一种社会交往活动，三方感受到的价值，才是一种真正的价值。很难想象，一种美妙的课堂现象不能被共同感受到。例如，在引导学生体验歌曲中的“线条”、诗歌中的“线条”时，同学们独特的感受使他们感到兴奋，使听课者感到惊讶，也使授课者感受到了教学的成功，这样的共同体验，使它的教学价值彰显出来。当然，判断一堂课的好坏，并不是以人的多少来取胜的，但是不可否定，教学的价值是由多方共同厘定的。

主体间性的观察，能够找到教育的理性。正如理性的社会需要多方的监督，理性的教学也需要共同的打造——授课者、听课者、学生通过各自的观察，来争取教育的权利，从而找到教育的理性。例如，有的教师比较喜欢设计繁多的教学环节，认为只有如此才能体现教师的素质和课堂的热闹，久而久之，形成了一种不良的教学习惯。授课者只有敢于将自己的教育特权，甚至是霸权交出来，听取学生和听课者的意见，并且接受监督，才能改变自身的“陋习”，达到教育的“自如”。在本课的课堂观察中，正是考虑到了低年级学生的学习特点，遵照课程标准的要求，汲取听课者的意见，兼顾授课者的特长，从而达到(接近)教学的理性认识的。

(二)边际性观察：从现象到规律

边际性观察，掌握好教学的最佳跨度。例如附件表 3-2 中，对时间安排，知识点和作品情况进行了观察，把握了教学结构的规律。

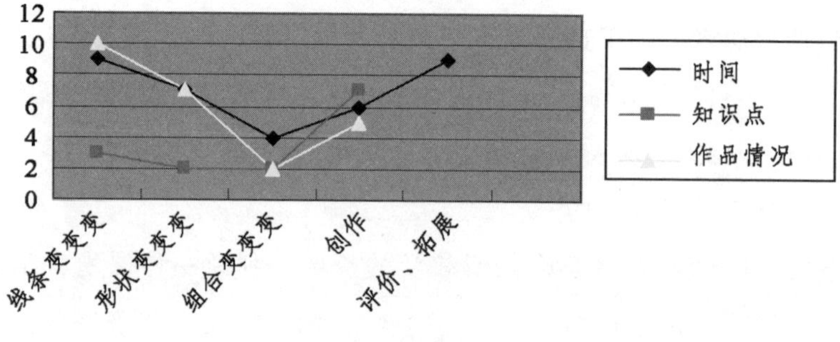

图 3-22 《会变的线条》教学结构图

如图 3-22 可见，三条曲线的形状是相似的。随着教学时间的进行，教学成本是逐渐增加的。教学时间分别是9、7、4分钟，符合低年级学生学习逐渐疲劳，注意力逐渐下降的特点。由于在后面的创作和评价拓展阶段，具有和前面不同的教学任务，分别花了6、9分钟，与边际成本逐渐递增的规律并不矛盾。在知识点的累积上，分别是3个、2个、2个知识点，在创作中综合运用7个知识点，比较符合学生在短时间内能记忆7±2个单位的规律。在作品情况中，学生分别用10种线条、7种形状、2种组合、5种方法，与教师教授的知识点基本相符，说明课堂教学是有效的。可见，教师根据教学边际的规律，对教学结构进行了调整，使得本课的教学边际成本是逐渐下降的，边际价值是逐渐上升的，边际利润是逐渐上升的。

（三）聚焦式观察：从看清到理解

要想看清一种事物，必须对准焦距。要想理解一种事物，必须选准目标。如果没有对准焦距，只能浮光掠影；如果缺失了目标，只会熟视无睹。因此在课堂观察中，我们往往选择一两个观察点进行有针对性的、长期的、连续性的观察。

例如，在附件表3-3和表3-4中，观察者对学生的作业进行了聚焦式、连续性的观察。从观察表中可见，五位同学平均能够画出6～7种线条，变化出8种左右形状，画出6～7种组合方法。这样的连续观察就可以发现，学生的情绪一直保持高涨状态，前面的练习，带动了后面的作业，学生的学习思维比较流畅。特别是在后面的综合创作过程中，同学们都能对前面的知识进行综合运用，创造出更多、更新的表现方式。为了验证量的观察的准确性，观察者还注重了质的观察，对学生作画顺序进行了描述，发现学生能够将新授的知识融入先前的学习经验中，新旧知识形成了内化和重组。

在附件表3-5中，观察者对教学评价进行了描述，从中可见不同的评价方式能够对评价范围、持续时间产生一定的影响。比如，目的性强，要求简单的评价，学生遵守的时间比较长，大部分同学都能够遵从。而一些形象化的评价，容易调动低年级学生的积极性，速度很快。一些要求比较高的评价，例如“能不能把你的线条变得更美”，可能对周边的一小部分同学有影响，由于目的不够明确，可能保持的时间不够长。而对于一些重复性的评价，例如“第二组小朋友坐得很端正，眼睛发亮”，效果比第一次要差许多……听课者通过这样的观察，能够发现评价性语言的规律，提高语言运用能力。

但是正如胡塞尔所说的那样，从事实中永远只能够推出事实。所以我们在观察中，需要谨慎地得出观察结果，否则就会出现诸如“课堂提问越多，教学效果越差”的谬论来。

（四）解放式观察：从束缚到解放

面对同样的半瓶水，悲观者可能感叹，只有半瓶水了。乐观者可能惊呼，还有半瓶水。智者可能思考，如何能打取更多的水。前面两种人，可能只是看到半瓶水，后面的那位智者，目光却穿透了这半瓶水。正如胡塞尔在《纯粹现象学通论》中讲到的那样：“看不到观念是一种精神障蔽；由于偏见，人们未能将自身领域中的东西转入自身的判断领域。实际上，一切人都在看‘观念’‘本质’，并可以说持续地看它们，也做出本质判断，在自己的思维中运用它们，也做出本质判断；只是因为基于他们的认识论观点，他们对这些概念做错误解释。”我们的某些课堂观察也被自己的一些观念所束缚，例如翻开某些教师十几年的听课笔记，教师对学生的作业描述，仅仅以“学生作业，教师巡视”八字来概括，而对这个作业和辅导过程中的细节只字不提。

有些课堂观察存在着两种“看不到”的现象：一种是看不深，无法从课堂现象看到教学本质；一种是看不远，无法从当下看到长远。课堂观察提供给我们一个环境，我们虽然只能在其中观察，但是我们有理由穿透这样的环境。

例如，在附件表 3-6 和表 3-7 中，教师对学生综合运用知识的情况进行了观察，发现了这样一个奇怪的现象，随着教学的推进，学生能够熟练掌握绘画技巧的越来越少，但是情绪却越来越高，这和我们以往的理念是矛盾的——难道情绪和作业质量不成正比？让我们“回归”实际的课堂教学，看！当教学进行到第三个环节“组合变变变”时，要求运用组合的规律、新颖的形状、变化的线条来综合造型，难度提高，学生掌握的人数自然减少。但是，同学们被越来越神奇的变化所感染，学生的情绪反而比较高涨。可见，学生情绪并不一定和作业质量成正比，有的作业反而需要有一种比较平和的心境。

在课堂观察中，我们能够在观察中获得解放。例如，有的教师看到，课堂中拓展的环节，同学们能够找到不同艺术中蕴涵的线条的影子，感到这样的设计超越了教材，也深深地为同学们细腻的感受能力所折服。教师深深地领悟到，美术教学要根植于“直观”这块土壤上，学生的创造能力是无穷的。由此可见，观察课堂现象，不是束缚其中，而是需要一种脱茧的勇气和投向蓝天的超越。

（五）发展式观察：从内省到行动

观察是人类认知活动的基础。可是为什么，有的教师经过课堂观察，发现了问题所在，却无法找到可以改进的途径呢？关键是我们的观察没有结合自己的情况，没有用自己的眼光来观看。翻开教师的听课笔记，诸如教态自然、教具丰富、理念新颖、合作性学习等评价，有多少是属于自己的语言，有多少是对现象的如实描绘，有多少自己能够真正理解？

课堂观察应该是建立在自身基础上的观察。一方面观察是一个序列，观察前需要汇报设计意图，设计表格，观察后有交流。另一方面观察必须与自己的设计、上课、反思等行为联系起来。只有如此，才能提高自己的实践能力。

例如，在这次课堂观察中，有位教师归纳出一种“避让式”教学设计方法。如图 3-23：

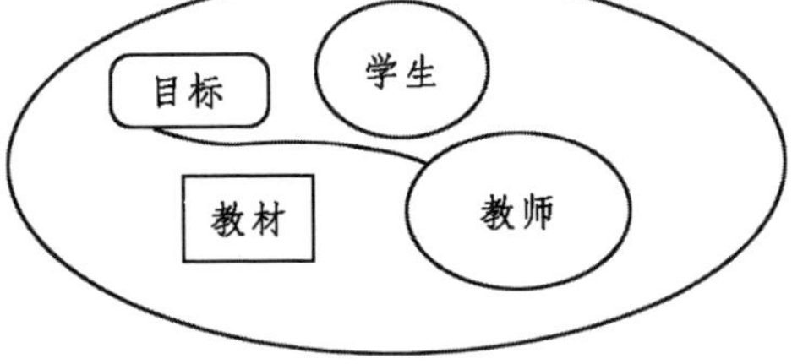

图 3-23　某教师教学设计路径图

他认为，本课的教学设计需要避让以下的环节。要考虑到教材因素，一些已经学过的教材和还没有接触的教材需要避让。教材中一些学生无法掌握的内容需要避让或者重组，例如，毕加索的名画，学生作初步了解就够了。对于教材中不足的内容需要补充，例如，要避免出现太多具象性的范作。教学要考虑到学生的兴趣，低年级学生技法要求一次一般不要超过三个知识点，需要提供一些外部“刺激”，学生最好采取画画玩玩的形式。此外，还要考虑教师身边的教学资源有哪些，自身的教学风格有什么特长。考虑到这样的障碍，那么饶过这些障碍的途径就是最佳的教学设计了。

或许这样的设计模式不一定最合理，但是对于提升这位教师的设计能力不无益处。

附:授课者的自我观察

【课题】

会变的线条(人教版小学美术二年级上册第十五课)

【教材定位】

一年级《我们身边的线条》,二年级《会变的线条》,三年级《跳舞的点和线》,四年级《线条的动与静》,形成了小学美术教材“线条”的系列。从编撰的目的来看,从具象走向抽象,从外化走向内化,从空间走向时间,是一个重要的趋向。从本册教材内容的前后关系来看,《奇妙的爬行》《我们来跳舞》《泥条头像》《雄伟的塔》中的内容都涉及线条造型(包括动态、内部形体以及意象等等)。从教材中的学生范画来看,学生对于毕加索的名画进行认同和理解有困难,书本中的作品比较集中于一些图案的装饰,没有在造型上得到进一步的拓展。

【学生定位】

从学生的线条造型能力来看,动作的准确程度,线条的有意识的表现程度不强。线条是美术造型的基本因素,古今中外、大师顽童的美术作品都离不开线条,本课定位为能够用变化的线条进行造型,初步读懂不同线条的视觉语言,掌握富有个性化的造型语言和步骤。

【教学设计】

以“变化”为中心词,具体从线条、形体、意象的变化出发,让学生有意识地运用变化的线条进行造型。教学过程设计为:了解点线面的变化—揭题—变化线条—变化形体—变化组合—创作—点评—拓展。

【教学重点、难点】

重点:运用变化的线条进行造型。

难点:要让学生在具象和抽象之间产生联系,体验到自我创造的乐趣。

学生参与的积极性难以激发,成果形式难以外化。

运用圆盘进行装饰,需要照顾到本身的形体变化和构图要求,其中的知识点比较多。

【教学目标】

学生已有:能够发现我们身边的线条,能够运用线条进行造型。

学生现有:能够有意识地运用变化的线条进行造型和装饰。

学生未有:通过本课的学习,能够运用线条技巧进行综合表现,能够读懂和运用线条语言。

【教具、学具准备】

教具:课件、铅画纸、卡纸、各类画笔。

学具:勾线笔、水彩笔。

【教学过程】

一、建构情景,揭示课题

1. 播放课件。

2. 点—线—面。

3. 同学们,这是什么? 对,如意金箍棒,能够变幻出许多形状,你们也想有一根吗? 今天,我们就来借一根如意金箍棒,画一画《变化的线条》,好吗?

4. 揭示课题:变化的线条。

(现象描述:孙悟空是学生熟悉的一个"普遍"形象,也是师生交流的一个"热点"题材。在师生对话中,我注重了这样的发挥:"如果我说小小小,那么就会变成……""绣花针,一点点。""如果我说细细细,那么就会变成……""非常细,像线条。""如果我说粗粗粗,那么就会变成……""非常大,擎天柱。"这样的交流,抓住了点线面的转化,突出了"变化的线条"这一主题,大部分同学的积极性得到了调动)

二、新授

要用好如意金箍棒,需要掌握三个绝招。

第一招:线条变变变

(每个学生都能得到充分的锻炼,会画各种线条)

1. 老师第一推动力。

你能变出和老师同学不一样的线条来吗？（请同学画在白纸上，请个别同学板演）（学生画，教师写：快慢、长短、虚实、动静、刚柔、粗细、方圆……）

2.老师第二推动力。

想一想，你还能画出其他形状的线条来吗？（可以引导学生向简单的形状过渡，例如，发抖的线条、翻滚的线条）

3.老师第三推动力。

不同的工具能够画出不同的线条，请你来画一画。

4.你能找出这些画面运用了什么线条吗？

（现象描述："线条变变变"要求学生从三个方面对线条进行变化，在第一个环节中，学生能够表现线条长短、粗细、虚实、快慢变化，但是不能关注到动静、方圆、刚柔等比较细腻的线条变化。在第二个环节中，老师演示颤抖的线条，能够激发学生的兴趣。但是学生不能画出具有不同情感的线条，只能想象出锯齿形线条、螺旋形线条，可能小学生相对比较关注线条的形状。在第三个环节中，学生能够用不同的工具变化线条。大部分同学能够画出6～10种线条。接着我出示一些绘画作品，让学生观察线条的具体运用，一方面起到新知反馈作用，另一方面提高了学生综合运用能力。在练习评价中，我注重突出作业的"多"：谁能画出7种线条？谁能一下子找出两种线条？用这种"榜样评价"的方法，提高了学生的作业数量和质量）

第二招：形状变变变（新）

1.老师这儿有一条线（翻绳游戏）。

2.你能变化出哪些形状？

3.请你用这些线条来变一变，比比谁变出的形状更加丰富。

4.相同的形状也可以用不同的线条来表现，看，这些太阳有什么不同？展示：虚线太阳、粗线太阳、转动的太阳、曲线太阳。

5.小结：线条可以变化出不同的形状，形状也可以用不同的线条来装饰。

6. 请你设计一个形状，比一比谁画得新颖。

7. 学生作业点评。

（现象描述：学生对翻绳游戏兴趣很高，形成了很好的互动局面。接着让学生用线条变化形状，提高了学生的变形和造型能力，相比较于绘画练习，这样的游戏更加具有可修改性和立体性。随后让学生找找相同的形状中不同线条的变化。有的同学说虚线太阳有一种凉凉的好像要下雨的感觉，有的同学说粗线太阳给人以“强弱弱”的一种节奏感，有的同学说转动的太阳好像在滚动，有的同学说曲线太阳好像在跳舞。本环节通过相同的线条变化出不同的形状和相同的形状变化出不同的线条这两个练习，拓展了学生的创新能力）

第三招：组合变变变（美）

1. 教师出示不同组合的线条，比一比，怎样的线条组合才最漂亮。

2. 小结：线条的组合要注意变化和整齐。

3. 检查一下自己的作品，说说你的作品是否符合变化和整齐的规律。

（现象描述：运用对比的观察方法，学生的问题答案比较集中。由于之前学生的笔头练习比较多，因此这一环节采用了虚拟创造的方法。以上三个环节的关系是互为因果的、层层递进的，即变化的线条因为多所以新，不但新也要美）

三、装饰

1. 下面我们就要用孙悟空的金箍棒来练一练了，请同学们来装饰圆盘。

2. 欣赏不同的作品。

3. 今天你准备画一个什么形状，用什么线条来装饰？

4. 提示要求：孙悟空给大家带来三顶帽子，最美的线条、最多的线条、最新的线条，看看谁能获得。

（现象描述：有的同学说准备画出动物的形状，用不同粗细的线条来表现。有的同学说准备画风景，用曲折线表现……在作业中，我提示：“你们如果对自己刚才的作品满意可以添画，如果不满意的可以画在反面。”一方面，使学生先前的作业“不浪费”，另一方面，开放了作业的表现途径）

四、学生创作，教师辅导

着重要求学生运用不同的线条来造型和装饰。

（现象描述：教师强调线条的多少、组合的美观、形体的新颖，强调上述知识点的渗透）

五、学生作业展评

1.请同学将作业粘贴于背景纸上。

2.集体评议。

（现象描述：一位同学连续两次提名自己的作品，引起了我的注意。我提议全班同学学习他这种自信的品质，教室里响起了热烈的掌声。但是可惜，他的作品还是落选了。一位得票较高的学生作品引发了争议，有的同学认为不美，还引起了其他同学的附和，使得作者感到很窘迫。我首先表明他的作品很美，然后提议学生找找作品中的美感。有的同学说其中点的组合很有规律，有的同学说花朵的形状很有动感……越来越多的同学找到了美。这时，我才对这位同学说：“你看你的作品感动了这么多人，真了不起！”他的脸上荡漾起纯真的笑容）

六、拓展

1.其实在不同的艺术品中都有线条的影子，请你来找一找。

2.小结：在歌曲中有线条、舞蹈中有线条，甚至诗歌中也有线条。找到了线条，你就找到了一扇通向艺术的大门。

（现象描写：一位学生感受到了北京奥运会主题歌中的“线条”是轻柔的，并且向远处延伸。一位学生说，古诗中的线条是斜向的，教师说那是诗的节奏和韵律。同学们这种敏锐的感受能力，使听课教师都感到惊叹）

附:听课教师的观察

表 3-2　教学结构

教学结构	时间(分钟)	掌握人数(个)	知识点	作品情况
线条变变变	9	全体	各种形状的线条、个性化的线条、不同工具画的线条	能够用(10)种线条作画
形状变变变	7	全体	线条、形状的变化:粗细、长短……	能够用(7)种形状作画
组合变变变	4	全体	组合的方向、疏密及线条的排列是否有变化、美观	能够用(2)种组合方法
创作	6	全体	线条的变化,组合整齐美观	能够综合用(5)种方法
评价、拓展	9	全体		

表 3-3　学生作业情况

学生作业内容	学生作业情况
线条变变变	5 人平均能够画出(6)种线条
形状变变变	5 人平均能够变化出(8)种形状
组合变变变	5 人能够平均运用(7)种组合方法
综合表现	5 人在正式的作业中基本上能够用(8)种线条,(10)种形状,(9)种组合方法
学生正式作业描述	例如:学生作业前有没有构思,先画什么,再画什么等等 作业前有构思,对整幅画的框架进行了设想,然后画出多种组合线条

表 3-4　学生作业情况

学生作业内容	学生作业情况
线条变变变	5 人平均能够画出(7)种线条
形状变变变	5 人平均能够变化出(8)种形状
组合变变变	5 人能够平均运用(6)种组合方法
综合表现	5 人在正式的作业中基本上能够用(8)种线条,(9)种形状,(8)种组合方法
学生正式作业描述	例如:学生作业前有没有构思,先画什么,再画什么等等 能用不同种类线条组合画面,表现出一定的美感,作品体现了多种线条的变化

表 3-5　教学评价(描述)

评价次数	评价的语言描述	改正的人数	学生改正的速度	学生保持的时间
1	你真了不起! 观察得很细致	30	快	15
2	第三组的小朋友眼睛都亮起来了	40	很快	10
3	能不能把你的线条变得更美	3	很快	3
4	第二组小朋友坐得很端正,眼睛发亮	35	很快	5

表 3-6 学生知识综合情况观察(1)

学生作业情况	次数
线条变变变	(40)人能够画出变化的线条，学生的情绪状况(优秀、良好√、合格、不合格)
形状变变变	(30)人能够用变化的线条画形状，学生情绪状况(优秀、良好√、合格、不合格)
组合变变变	(20)人能够用变化的线条，组合的方法进行作画，学生情绪状况(优秀√、良好、合格、不合格)
综合表现	(40)人能够综合绘画步骤、绘画方法进行表现，学生情绪状况(优秀√、良好、合格、不合格)
评价	学生情绪状况(优秀、良好√、合格、不合格) 评价的语言不是太丰富，例如没有具体说清“多”“美”“新”及喜欢的原因，应该可以用到“变化”“整齐”等知识来衡量学生的掌握情况
拓展	学生情绪状况(优秀√、良好、合格、不合格) 拓展很有吸引力，将美术与许多东西融合在一起，学生的情绪也较高

表 3-7 学生知识综合情况观察(2)

学生作业情况	次数
线条变变变	(40)人能够画出变化的线条，学生的情绪状况(优秀、良好√、合格、不合格)
形状变变变	(40)人能够用变化的线条画形状，学生情绪状况(优秀√、良好、合格、不合格)
组合变变变	(20)人能够用变化的线条，组合的方法进行作画，学生情绪状况(优秀、良好√、合格、不合格)
综合表现	(40)人能够综合绘画步骤、绘画方法进行表现，学生情绪状况(优秀√、良好、合格、不合格)
评价	学生情绪状况(优秀、良好√、合格、不合格) 评价的语言有点单调，学生对于“新”“美”“多”的理解有些困难，他们也许只会统一感觉“美”
拓展	学生情绪状况(优秀√、良好、合格、不合格)

第四部分

边际教学的研课方式

比较:让意义显现

什么样的教学才是最好的教学?

有人把分数的高低作为评价的标准,有人提出了有效教学的观点,有人认为深度教学就是一种答案,还有人认为无处不在的教学才是最好的教学……

或许,这些都不是。

有两个经典的案例。第一个案例发生在20世纪,美国某代表团到上海进行教育考察,听了一节物理课。在课堂上物理教师语言精确简练,教学时间安排精当,教学问题突破流畅,赢得了台下一片掌声。可是在评课环节,美国代表团提了一个问题:既然教师的问题学生都能回答,那么这堂课还上它什么?台下一片惊讶,好像安徒生《皇帝的新装》中男孩的一个问题,暴露了课堂教学另一方面的“空白”。这是由两种不同的评课标准,产生的不同的评价结果。

第二个案例就非常简单。叶圣陶曾经说过,教师为了达到不需要教。但是叶老并没有给我明确的答案,什么才是不需要教,最好的不教究竟是什么样的,为什么用否定的句式来表达对理想课堂的见解?

胡塞尔曾经认为,所谓“回到事情本身”,无非是回到直接自明、不可怀疑的东西。那么如何回到事情本身,一是对自我的悬置,二是对客观对象关系的揭示。

有时候,我们没有发现,是因为我们没有放弃自我的经验,没有用比较的方法去进行观察。

据说,齐白石在中央美院进行教学的时候,不讲什么方法原理,而是对学生们说:“你们看我是怎样画的!”正是这种不教而教的方法,使得齐白石桃李满天下,成为一代名师。

著名书法家启功先生,也介绍了自己最好的一位教师,就是将自己的作品悬挂在墙上,反复不停地观看,通过和名家作品、自己之前作品的比较中,去发现不足,取得进步。

而我们的课堂教学研究,有没有采用这样的方式呢?

我们在评课的时候,有没有问一问学生,问一问上课教师呢?

我们在下课以后,有没有分析一下学生的表情,哪些是心悦诚服,哪些只是表面应付?

我们上完一节课后,有没有问问自己,还有没有更好的方法呢?

我们在下课以后,有没有体验一下,今天上课的感受好呢,还是昨天的上课感受好?有什么不同?

我们在送走一批一批的学生过后,有没有问问学生,自己的哪些课给学生留下了印象,哪些话让学生记忆犹新……

所以,很多时候,我们的听课、上课还是浮于表面,还是没有看到教学的意义所在。

也许,在课堂教学中,"世间没有最好"。

但是,"比较"能够让我们能够发现好与不好的界限,突破这种界限,才能让我们向着最好而进步!

主体间性研课

——一种“空间”研课方式

课堂教学的高低谁说了算?

它可能无法用一种评价方式,而是由多重标准综合而成的,这就是主体间性。但关键是在研课的过程中,如何让多重主体得以显现,并且相互作用。

那就需要我们让多重主体复活:展示授课者、听课者、学生等人的所得,用交流的方式进行沟通,用实践的方式加以验证,用理性的视角进行辨析。

一、疑问:课堂观察需要怎样的视角

以下是几位教师在课堂观察后的反思:

教师1:一向自认为教学语言基本功非常好的我,今天犹如被浇了一盆冷水,原来教学语言除了要优美动听,更重要的是要把握提问的有效性。尤其令人难以置信的是这一堂课我居然提出了63个问题,而我在教案上设计的问题明明只有15个。

疑问:问题多就一定无效吗?观察结论谁做主?

教师2:这一堂课,授课者共提问36个,从质上看,有效问题共有31个,占86.1%,其中思考型、提醒型问题为多。低效的问题4个,占11.1%,主要集中在过易问题上。无效问题1个,占2.78%,比例最低。

疑问:“有效问题”“低效问题”“无效问题”的具体标准是什么?“毛估”就能够得出准确的数据吗?这样的观察结果正确吗?

教师3:不知不觉地,今天我特别注意起学生的小动作来。才5分钟的朗读,竟然发现5个人是边读书边晃两腿,7个人把脚架在桌腿的横杠上,还有随意伸着的,悬着的……真是五花八门,应有尽有。可是,在以往的课上怎么就没有发现呢?才5分钟就发现这么多,那整节课,该有多少人在做小

动作，在开小差啊？别看这一个小小的动作，也分散了学生的心呐！

疑问：这样的小动作就是开小差吗？这样的推断合理吗？以偏概全是一种合理的观察方法吗？你会观察吗？

由此可见，观察的话语权、观察的语言、观察的方法等等直接影响到观察的结果。运用主体间性的观察方式是一条有效的课堂观察路径。而所谓“主体间性”，用意义理论来注释，可以说成是主体间的意义共享。（周浩波《教育哲学》）而课堂观察就是，课堂的组成人员运用观察工具对课堂教学进行有目的的观测和分析。主体间性的课堂观察，就是课堂组成人员作为主体进行立体的观察和意义的共享。根据观察，在当前的课堂观察中存在着主体意识缺失，观察对象迷失，观察方法遗失等现象。观察者只能从“看到”得出“看到”，从“现象”发现“现象”，缺少对教育现象的整体把握，教育本质的理性发掘，教育源头的追根溯源。正如一位教师对课堂观察发出的诘问，“为什么我们设计了观察的方案，开展了观察的活动，组织了观后的讨论，却没有明显的进步?”运用主体间性的视角，能让我们拥有一双洞彻的眼睛。

附件是授课者、听课者、学生对一堂艺术课进行观察后的描述。

二、主体间性的观察，我们应该怎样做

（一）主体间性观察——在差异中促进理解

英国思想家赫斯特提出，所谓获得知识，“就是学会从此外还不知道的方式来观察和体验世界，并由此获得更充分的心智。”（瞿葆奎《教育学文集・教育与人的发展》）

在课堂教学中，由于观察主体的观察对象、观察目的、观察方式、观察兴趣等等的不同，虽然共同面对着相同的观察情景，还是会出现截然相反的观察结果。正如同样看到雪地上的一摊狗尿，普通人看到的是肮脏，而画家看到的却是一片美丽的琥珀色。而主体间性的观察，能够把不同观察者的观察所得展示出来，在差异中促进理解，求得统一，获得知识。

1. 差异，借我们一双慧眼

从附件课堂观察中可以看出，三种观察者的观察视角是不同的，上课教师较多地观察学生和教学设计，听课教师较多地观察上课教师和学生的互动，而学生很少关注到听课教师，更注重教学任务的完成和内心的体验。这样的观察存在着一定的局限性。例如，上课教师没有发现学生“捞画”效果不好，不是因为学生把墨汁搅匀了，而是上课教师在操作其他教学仪器，没有及时发现这些“出错”的学生。通过阅读听课教师的观察纪录，才明确了这种“失误”的严重程度。而听课教师是随着课堂的逐渐展开来观察的，所以只能作出局部的判断。例如，有部分教师认为第二个环节有些学生来不及完成，认为是上课教师给予的时间不够充分。其实，随着教学过程的进行，同学们还可以在第三个环节完成绘画任务，这样才能全面了解上课教师的教学设计。

2.差异，取得一种互证

有些课堂观察仅仅观察部分对象，有的课堂观察仅仅由个别听课教师来执行，这样的观察结果，只能造成部分观察者的话语霸权和观察结论的“一孔之见”。例如，对于学生的作业效果，有的听课教师认为，“学生不够大胆，用水粉色时显得较拘谨，不敢放手去画。”而有的教师认为，“学生在画小河时，我认为更多的是在画感受，这是更加适合学生的年龄特征和学习方式。学生的作业效果也较为理想。”针对这两种不同的意见，我让听课教师看看同学们的感受，“下课后，我心里十分高兴，像在天堂里一样，开心极了。”“下课后，我想：我不能骄傲，争取下次表现更好！”同学们的回忆很少描写到水墨画技法的，他们更加关注自己内心的感受。从学生的感受中，教师取得了一种互证，明确了怎样的难度设计才真正适合这个年龄段的学生。有些教师感言，“想不到孩子的想法和我们的差距这么大！”

（二）主体间性观察——在共识中接近本质

美国心理学家阿恩海姆在《艺术与视知觉》一书中谈到，“一个桌面，即使它在视网膜上投射的式样是各不规则的梯形，我们仍然是会把它看成是长方形的。”他认为这样的“长方形”的共识是经验和视觉的结合物。

课堂教学也是一样，我们可以借助于“共识”来把握课堂教学的规律。孙双金老师曾经把一堂好课的标准定义为“学生的小脸通红、小手直举、小嘴直张。”虽然这样的描述不够充分，但是不可否认，在具体的课堂教学中具有一定的参考价值。这是由于课堂教学的特性决定的。“教学既是一门科学，也是一门艺术”，教学中既能反映一定的科学规律，也包含着一些不可控的因素。正因为如此，我们可以通过共同的体验来判断课堂的价值，通过现实的观察来接近教学本质，通过直观的体验来接近教学规律。

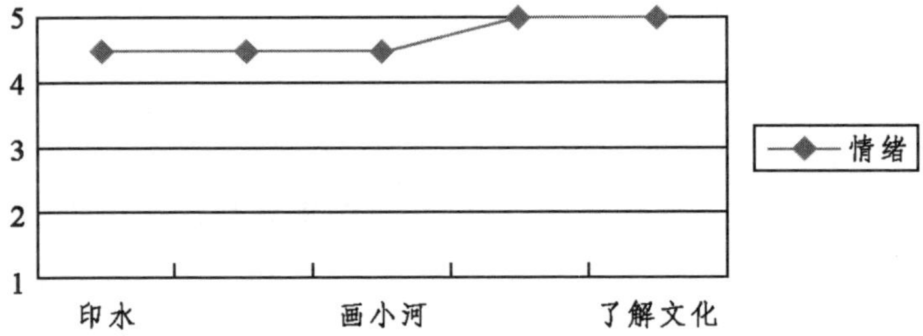

图 4-1　学生课堂情绪调查

由此可见，同学们的情绪始终保持在较高水平，那么这种较高的情绪是否就代表着教学的有效呢？让我们再来看看教学结构的安排：

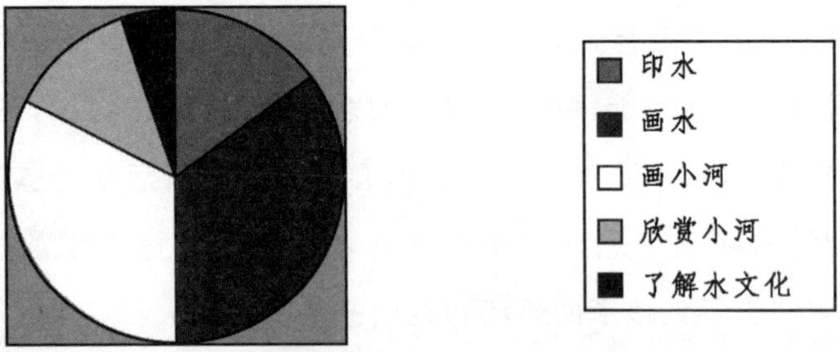

图 4-2　教学结构时间安排

由此可见，大部分同学都能够在有效的时间内完成教学重点。

附件表 4-3 到表 4-6，主要从质的观察方面进行了描述。从表 5-3 中可以发现，教师设置的问题能够引导学生观察，注意了问题之间的联系，从具体的感受上升为情感的凝练，注重了问题之间的连贯性。

从表4-4中可以看出学生的整体操作情况，由于初次接触教学技法，学生经历了一个从陌生到熟悉，从拘谨到投入的过程。虽然个别同学的操作能力提高不是十分明显。

从表4-3中可见，学生兴趣始终比较浓厚，作业的难度设计比较合理，大部分同学的作业效果比较理想。但是也表露出了同学们从动到静的转化能力不是很强。从表4-6中可见，教师和学生能够一边调整失误，一边完成教学任务，能够把教学重心集中于学生身上。

通过观察，我们可以得到对这堂课的整体印象，获得比较准确的判断，基本把握美术课堂教学的本质。

（三）主体间性观察——在交流中接近"合理"

这么多的课堂观察结论中，究竟是谁的声音能做主。应该让"合理性"指导我们的观察，作为评判的标准。什么是合理性，哈贝马斯在《交往行为理论》一书中提出了合理性的两个标准：真实性和现实性。真实性指所涉的事态在世界中的实际存在样态；而现实性指的是实际存在的事态得以表现出来的涉世手段。与此相类似的是，索尔蒂斯对什么是教育哲学应该关注的问题做出了概括："我们是通过哪些过程认识事物的？我们怎样才能肯定我们已认识的东西是真实的？这种或那种特定的知识有什么用处？什么知识最有价值？"（周浩波《教育哲学》）

1. 我们如何求得"真实"

我们的观察所得一定就是真实的吗？怎样才能在交流中接近真实？为什么主体间性才能保持事物的真实？在我们的观察中，有时我们的眼睛忽略了细节，"课堂结构凝练，教学设计巧妙，学生情绪高昂"等等概括性的语言，变成了课堂观察的老三篇，造成"熟视无睹"的现象。有时我们的眼睛会欺骗我们，例如，一位教师在上课的时候，运用了儿童化的语言和学生交流，听课教师感到十分不适应，于是就得出了语言运用不自然的判断。可是，学生却听得津津有味，课堂作业也非常出色。由此，我们要问，这样的观察就是真实的吗？由此可见，判断一种观察结果，不是谁说了算的，而是对教学价值的一种共同的认同。在这节课中也是一样，有的教师认为，上课教师在最后一个拓展的环节，让学生读一读孔子的"仁者乐山，智者乐水"的名句，学生都没有理解句子的意思，这个环节的设计意义不大。在课后的交流中，上课教师阐述了这样设计的意义：这个环节占据时间不多，在学生的情绪高潮中进行，起到了一种不教而教的效果。这样，把这个环节放到听课教师、学生的视阈中去审视，才能获得真实的印象。

2.我们如何求得"现实"

想想激动，做做不动，是一些技能课教学中的难点。我们常常遇到这样的现象，有的教师把课堂想得天花乱坠，又是合作性学习，又是多种课程整合……可是一到上课，却控制不了课堂，激发不了学生的兴趣。从附件三位学生的学后感可以清楚地看出，什么墨分五色、中锋侧锋、点线面等知识，在他们看来，并不如我们脑中想象的那样重要，学生注重的是过程的愉悦性，作业的完成度。因此，这一节课的作业，教师是让学生在印画的基础上进行添画，注重学生对小河的情感体验，简化了学生对水墨知识的学习。（当然，情感和知识的分配之间是有一定的比例的，有时知识的注重会削弱情感的宣泄。）从学生的实践效果来看，本课能够完成教师的教学任务。

（四）主体间性观察——在开放中求得整合

主体间性的观察，能够让我们的视阈开放出来，不仅仅是看到的外部现象，也包括"看到"的内部现象。

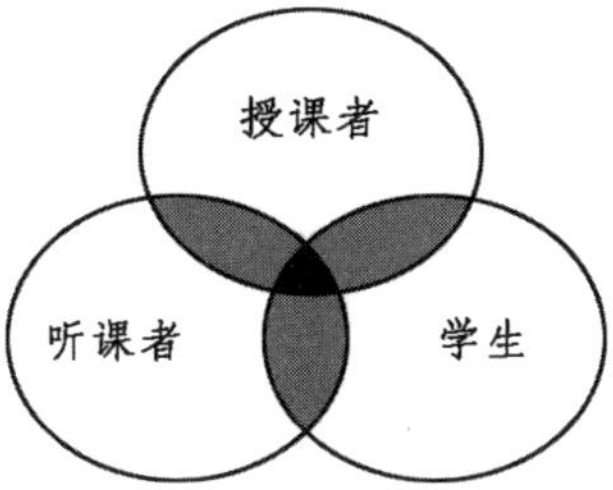

图 4-3　课堂主体间交流示意图

如图 4-3 所见，三方通过共同视阈（灰色和黑色部分），以及各自区域（圆形中白色部分）的开放，使三方取得视阈的共享，进而促成经验的整合。例如，以下是授课者在备课中的心里斗争：

开始我设计为，小河倒影的形状相反，色彩较暗。实际上应该为色彩的纯度较低，但是这样的知识讲解学生不能够理解。如果仅仅讲解为色彩较暗，对于一些明度较低的色彩的投影，是一种错误的讲解。因此，对于这种讲了学生也不明白的知识，教师可以用不讲的方式来对待。应该用怎样的方式来表现家乡的小河呢？如果用直接绘画的方法，学生很难表现出小河的外形，而且画的也仅仅是印象中的小河。如果用小河的材料（用水）来表现小河，通过游戏的方式来体验小河，那不是一种感官上的接近吗？可是如果仅仅是印家乡的小河，无法表现出对小河的真实体验。对了，可以通过添画的方法，表现出小河的美感。

上课教师通过构思的公开，使听课教师能够感受到这样设计教学的内在想法，在这个基础上来认识这堂课，能够发现上课教师的整个教学意图，对课堂教学也形成了一个整体印象。听课教师可以在这个基础上对自己的观察进行调整、重构，进而进行正确的评价，获得能够再生的经验。上课教师也能够根据自己的教学意图，对听课教师的观察所得进行价值判断，选择恰当的观察结果，对自己的课堂教学进行再优化。由此可见，这样的观察经验才是有建设性的，也是能够再生的。

（五）主体间性观察——在求“知”中点燃智慧

老子在《道德经》中这样定义智慧：“知人者智，自知者明。”主体间性的观察能够获得一种“自知”和“知人”的智慧，从而建立一种开放的认知取向。关于开放，海德格尔命名为“敞开”，他认为，“只有敞开性才能允诺思辨思维的道路通达它所思的东西。我们把这一允诺某种可能的让显现和显示的敞开性命名为‘澄明’。”“名词‘澄明’源出于动词‘照亮’……照亮某物意谓：使某物轻柔，使某物自由，使某物敞开……”海德格尔认为只有敞开性（澄明）才能达到思的无蔽。主体间性的观察，让教育主体获得内在的开放。反过来，内在的开放又促进了主体间性观察。两者是相互促进，密不可分的。

主体间性观察需要一种“自知”的意识。康德认为，“无论如何，应当使上帝为你所知。即使……他显露于你，也得由你……去判断：你是否要相信他和崇敬他。”（哈贝马斯《交往行为理论》）课堂观察需要一种自我的澄明，否则人云亦云，让他人的思想践踏自己的精神家园，缺少一个内化和重构的过程，即使经历过再多的课堂观察，也不能获得真正的成长。主体间性的课堂观察，需要敞开自己的观察所得，但是更需要去了解他人的观察所得，最终的结果不是迷失自己，更不是代替他人，而是获得自己的一种成熟和丰满。

主体间性观察需要一种“知人”的意识。皮亚杰认为，认知的发展一般来说就是以自我为中心的世界观的解中心化。（卡尔·波普尔《猜想与反驳》）他提出了两种认知方式，“同化”和“顺应”，两者就是用他人的思想来构筑自己的认识。课堂观察只有取“他山之石”才能成就“自身之玉”，在碰撞中磨砺自己，在比照中定位自己，从而达到“明心见性”的效果。

由此可见，“自知”和“知人”两者并不矛盾，两者共同构筑自己的“知性”人生，从而点燃智慧的“火把”。

附:授课者的观察

《流过家乡的小河》教学实录

【过程实录】

师:上课!

(师生起立问好)

师:今天我带来了一首非常好听的曲子,请同学们一起来欣赏。

(老师播放流水的声音)

师:这是什么声音?

生1:小雨的声音。

生2:流水的声音。

师:听了小河的声音,你们有什么感受?

生:好像小河在流动一样。

师:小河不仅有美丽的声音,还有漂亮的图画,下面我们一起来做一个水中捞画的游戏,好吗?

生:(大声说)好!

师:(一边演示一边说)先在水中滴入一滴墨水,然后轻轻划开,当水面出现漂亮的图画,再将纸片迅速地盖上去,拿起来后用餐巾纸擦干画面。比一比,谁捞出的画面更加好看。

(学生操作,教师辅导)

【侧记】

任何好的想法一放到具体的环境中都有可能会出现问题,今天这堂课的开头部分就出现了这样的问题,全班同学都没有能够带水进教室,只能请组长到上面来取水,然后再帮助同学们分发,看来美术教学的准备工作是一项十分细致的工作。稍有疏忽,就可能出问题。好在有些教师帮忙,还有一个眼保健操的时间准备,总算在上课之前完成了任务。

为了调整气氛,我表扬了部分能够遵守纪律的同学。上课了,我让学生听一听流水的声音，为了让学生听完整，个人感觉时间比较长。有的同学说是小雨的声音，有的同学说是小溪的声音。我表扬了后者，其实前面的也没有错。我让学生说说什么感受，有的同学说小溪流动的感觉。其实这两个问题有些重复，针对学生特点，学生的形象思维比较直观，不可能听了流水的声音，产生宁静、活泼的感觉。这时候我感受到，在其他学校上课时，一位同学能够说出是活泼的感觉，是多么的不易。

在讲解水中捞画的游戏时，由于步骤比较多，学生不容易一下子记住。教师可以利用逻辑记忆的方法，概括为滴、划、印、擦四个字可能会更好。我注意到有些学生临到具体操作的时候，显得比较慌乱。我反复强调操作的步骤，对学生能够起到一定的指导作用。个别同学倒的墨水比较多，一下子把整个水面都变成了黑色，有的同学没有把水面划开成美丽的纹样，就匆匆放进了纸片，还有的同学带的水杯比较小，纸片不容易放进去。我一一巡视指导，对于一次不能印成图案的，要求印第二次。对于有些效果不理想的作业，我进行了鼓励。

【过程实录】

师：在你画的这条小河中你看到了什么？

生：一个洞，一条龙，一棵树。（答案有些出乎预料）

师：像小河的旋涡，是吧？

生：像大海的波浪。

师：阳光在水面上会跳起怎样的舞蹈？远处的和近处的有什么不同？（欣赏《印象·日出》）

生：……

师：是不是一下子说不出来，一点一点的。（板书：点）那么，近处的点和远处的点有什么不同？

生：近处的比较分散，远处的连在一起。

（教师示范绘画，强调彩点随着小河的波浪跳跃）

师：波浪会在水面上画出怎样的线条？远处的和近处的有什么不同？（欣赏马远《水图》）

生：弯弯曲曲的线条。

（师板书：线）

生：近处的幅度比较大，远处的比较柔和。

（教师演示，强调画出远近的不同，随着画面的形状流动）

师：蓝天会把小河变成什么颜色？远处的和近处的有什么不同？（欣赏莫奈《风景》）

生：蓝色。远处的比较淡，近处的比较深。

（教师板书：色，并演示涂色方法，强调颜色的深浅）

师：一年四季，风霜雨雪，小河的样子是各不相同的，请你用点、线、面、色画出你看到的小河？（欣赏歌曲《门前有条小溪流》）

（教师巡视，学生作业。听着熟悉的音乐，同学们情不自禁地哼唱起来，并伴随着音乐的节奏挥动着毛笔。我发现一位同学的作业是两种颜色交融在一起，经过询问，这位学生说："当太阳照射在湖面上时，绿色会渐渐地变成黄色。"我突然冒出了一个想法，何不让他来谈谈）

（收集学生优秀作业，教师点评）

师：这位同学画出了一条通向远方的河流，线条多么活泼。

师：这幅画中的阳光多么晃人的眼睛啊！

师：这位同学对自己的画有话要说。

生：我发现当阳光在河面上时，绿色和黄色是慢慢交融在一起的，所以我用两种颜色来表现。（听课教师发出轻微的惊讶的声音）

师：多么了不起的发现啊！

【侧记】

当学生回答水面的肌理纹样像树洞、一条龙时，和我的预想是有出入

的。我设计为通过观看纹样，使学生对小河的印象具体化。好在当教师提示以后，同学们能够把画面想象为小河的形状，这也为接下来的“添画”奠定了基础。

我尝试让学生观察世界名画，了解艺术家们在表现河流时是怎样利用点线面色的，通过艺术手法的归纳，让学生用绘画视角去观察流过家乡的小河。虽然这三个问题，运用了拟人的修辞手法，能够激发学生仔细观察。但是第一个问题的设计没有指明要观察形状，所以学生的回答并不理想。

学生在作画时欣赏已经学过的歌曲，能够自然融合音乐和美术知识，这样的渗透起到了一种“润物细无声”的效果。

在辅导学生的过程中，我能够发现某些“榜样”学生，并让学生来表达自己的想法，这样的做法不仅让这名学生体会到了一种成功感，而且触动了听课教师，直接激发了全班同学的创作热情，激起了一个教学的小高潮。

【过程实录】

师：请一位同学品尝水，说说水的滋味？猜一猜这是什么水？

（一位同学不敢品尝……）

师：我保证，这水绝对安全。（听课教师、同学们齐笑）

生：（微抿一口，仔细辨别后）没有味道。

师：这说明了什么呢？（同学们不发言）我们通常说，怎样的水才是没有颜色，没有味道的？

生：高品质的水。

师：对啊！你知道这是什么水吗？

生：矿泉水、自来水……

师：对！这就是我们平常饮用的太湖水。太湖是我们家乡的母亲河。

（教师出示图片若干）

师：说说流过我们盛泽的小河有哪些？

（学生一下子叫不出河流的名字，但是他们的表情告诉我，很熟悉这些小河）

生：（恍然大悟）它不就在我们学校边上吗？

师：它们是京杭大运河、镜湖、西白漾、目澜洲公园的小河……这些都是流过我们家乡的小河。

（出示课题——《流过家乡的小河》，学生齐读 ）

师：河里有哪些景物，河边有哪些风景？

生：河里有鱼、虾，河边有杨柳、鲜花……

师：小河给我们带来了哪些方便？

生：小河可以提供交通上的便利。

师：它是我们盛泽水上的“丝绸之路”，曾经对丝绸生产起到过很大的作用。

生：我们还可以在水中洗衣服……

（该生一边说，一边还模拟捶打衣物的动作，口中发出“啪嗒”“啪嗒”的声音。教师们都笑了起来）

师：还有吗？

生：……

师：其实小河给我们的好处说也说不完，但是可能由于小河受到了污染，同学们了解的不是很多。（学生点头称是）

（教师展示范作，边讲解）

师：家乡的小河还有白帆点点，油菜片片，房屋座座，荷花朵朵……

（教师演示，在画面上添加景物）

师：一方水土养育一方人，流过家乡的小河像母亲一样养育我们，给我们美丽，给我们财富，给我们生命。请同学们画出我们母亲河的美景。

（学生一边欣赏江南民歌《太湖水》，一边创作）

（教师一边巡视，一边发现学生在表现方法和内容上的创造之处）

（我常常用这样的语言来启发、激励学生。“这位同学画出了小山，真美啊！”“这位同学还画出了倒影，他有一双发现美的眼睛！”“这位同学能够用我们以前学过的画青蛙的方法，真是惟妙惟肖！”这时，我发现一位同学画的景色什么都不像，而这幅画的作者正有些尴尬地望着我。我说：“这位同学的画虽然什么都不像，但是很美，有些现代派画家的味道。你创造了一种崭新的作画方法！”其他的听课教师善意地笑了起来，对这位学生的情绪有些影响。我特意地举起了她的画，向听课教师和同学们展示。这样的隆重推出，取得了大家的认同，也改变了这名学生局促的作画态度）

【侧记】

如果说上面画的小河，还是普遍意义上的小河，那么下面这个环节，就是要让学生表现出家乡小河的特点。让学生通过多方位的表现，感受到家乡小河的人文内涵和生活意义。可是通过怎样的教学环节来还原为生活化的艺术创造呢？我是这样设计的：

首先，让学生通过亲身品尝水，感受到家乡小河的味道和品质。学生说没有味道时，我能够随机应变，让学生感受到这是因为我们家乡水的品质好，这样的表达也是很有说服力的。

其次，我让学生欣赏家乡小河的图片，大部分同学并不能说出小河的名字，但是家乡小河的特点，还是深深地留在了学生心中。

最后，让学生说说小河的风景，学生回答的并不是很多。这是由于学生的生活环境造成的，由于河水的污染，小河的作用并没有像以前那么大。我让学生关注到这个问题，是让学生的表现不要简单、唯美，要关注我们现实生活中的家乡的小河——不是非常完美，但是和我们息息相关。

我在辅导的过程中，注意从表现内容和技巧两个方面进行导向，学生的创作逐渐丰富。

【过程实录】

师：好了，今天我们就先画到这儿。请每组的组长将同学们的画贴到背景上来。

（教师和学生一起将画面排列成小河的形状，经过组合，原本不怎么起眼的学生作品一下子“壮观”起来，同学们发出“哇”的声音，一些听课教师也举起了相机）

师：让我们一起乘坐家乡的小船，来游览家乡的小河。（教师出示纸船，邀请同学们一起登上家乡的小船，在学生作品排列成的“小河”上虚拟游览）

师：同学们，你们游览了流过家乡的小河，有什么感受？

生：家乡的小河是色彩斑斓的、美不胜收、五颜六色、风景秀丽……

师：你想对流过我们家乡的小河说一句什么话？

生1：我爱你。

生2：我会让你更加美丽。

师：你准备采取什么方法？

生3：我们要保护家乡的小河，让它更加清洁。

【侧记】

没有想到，学生的作品非常出色，我在这个时刻掀起教学的高潮，是再理想不过的了，同学们在自己的作品中得到升华，这是最好的效果；课堂用学生的作品说明问题，是最好的阐释。

在虚拟游览的环节，邀请学生一起登上小船，能够抓住学生的注意力。只是由于本课要求学生带的工具比较多，而且是小学生最难掌握的水墨画，所以一些学生还在整理桌面。采用这样的环节进行欣赏，是让学生不仅仅关注个别优秀作业，而是感受流过家乡的小河的整体风貌。有同学能够发出“我爱你”的表白，那是一种内心的呼唤。我特意要让学生说说保护家乡的小河，是因为它的确到了需要我们保护的关键时刻了。

【过程实录】

师:说说我们中华民族母亲河的名字。

生:黄河、长江。

师:在我国古代有许多描绘河流的文章、图画、诗歌,阅读它们,你会了解一种文明。

(引导学生欣赏陆俨少的山水画,朗读王维的《山居秋暝》,欣赏孔子的名言——仁者乐山,智者乐水)

师:让我们一起来保护我们的母亲河。下课!

【侧记】

让学生了解一条河流能够创造一种文明,通过具体的艺术形式来阅读这种文化,亲近这种文明。在读孔子的名言时,我问学生你能够理解这句话吗?同学们摇摇头。我说:“长大以后你们会理解的。”

这样一种开放性结局,能够让学生建立一种人文的视角。

附：听课者的观察

表 4-1　课堂观察记录(1)

课题	流过家乡的小河
观察主题	学生学习情感投入状况
观察对象	任选一组
观察要求	分值 1～5 分，全体冷漠，没有反应 1 分。勉强，应付 2 分。部分同学比较愉悦、放松 3 分。积极举手，认真作画 4 分。比较激动，举手绘画有激情 5 分
印水	4.5 分，学生激动，创作有激情，一部分同学印得效果不佳，有些着急
画水	4.5 分，作画认真，投入创作与尝试
画小河	4.5 分，作画认真
欣赏绘画	5 分，有激情，投入
了解水文化	5 分

表 4-2　课堂观察记录(2)

课题	流过家乡的小河
观察主题	教师各部分时间分配
观察对象	任选一组
观察要求	分为看的时间(　　)分钟 想的时间(　　)分钟 画的时间(　　)分钟 学生情况描述：例如，学生 3 人没有画完
印水	看的时间(2)分钟 想的时间(1)分钟 画的时间(3)分钟 学生情况描述：有些同学把水搅得太均匀了，使图案缺少美丽的花纹
画水	看的时间(7)分钟 想的时间(2)分钟 画的时间(5)分钟 学生情况描述：有些同学没有得以完成
画小河	看的时间(6)分钟 想的时间(1)分钟 画的时间(6)分钟 学生情况描述：略

表 4-3　课堂观察记录(3)

课题	流过家乡的小河
观察主题	师生问答情况
观察对象	全班
观察要求	纪录老师问题和学生回答 例如,师:这是什么声音? 生:流水(兴奋)
印水	略
画水	师:作品中你看到了什么?像什么? 师:阳光会在河面上怎样跳舞?近处和远处的阳光有什么不同?(大小) 波浪会在小河上画上怎样的线条?近处和远处的线条有什么不一样?(清晰、柔和) 蓝天会给小河染上什么颜色?近处和远处的颜色有什么不一样?(深浅)
画小河	师:品尝水,说说什么味道?(无) 师:家乡的河里有什么?河边有什么?(小草、柳树……)(鱼、虾……) 师:盛泽的小河给我们带来了哪些方便?
欣赏画	师:家乡的小河有什么特点?你有什么感受? (五颜六色、物产丰富……) 师:对家乡母亲河说一句话。(我爱你,我会让你更加美丽,保护环境)
了解水文化	略

表 4-4　课堂观察记录(4)

课题	流过家乡的小河
观察主题	学生操作情况
观察对象	任选一组
观察要求	学生动作情况描写: 例如:有三位同学的动作不熟练,画面没有创意 着重观察学生的操作正确性,反应迅速性,画面创造性。是什么原因造成的?
印水	小组学生没有掌握好印水的操作技巧 1.起初印时。学生把墨汁搅匀,印不出效果 2.再次引时吸取教训,印出了水墨的肌理效果

（续表）

画水	两位同学来不及画，一位同学的作品较大胆 1.由于印水这环节没有掌握好，画水的时间不够 2.学生不够大胆，用水粉色时显得较拘谨，不敢放手去画
画小河	1.小组同学都能很快地投入到创作中去，只有一位同学速度较慢，似乎不敢下笔 2.小组中另有一位同学在作画时有点虎头蛇尾，状况不断，一会儿把颜料洒了，一会儿又把水泼到了画上，影响了创作的效果

表 4-5　课堂观察记录(5)

课题	流过家乡的小河
观察主题	学生作业状况
观察对象	一位学生
观察要求	描述这位学生作业情况 例如：学生印得不够理想，画得比较犹豫
印水	学生整体兴趣浓厚，教师演示时，学生思想集中，学生印制时，能够比较出色地完成相应的任务，而且效果较为理想。如果用脸盆等口径大的器皿代替水桶，学生创作起来会更方便
画水	学生绘画时很感兴趣，较为主动，但可能是平时类似的训练较少，在表现技法上有所欠缺。不过也有学生的表现已经突破了技法的限制，这也是可喜的一点
画小河	学生在画小河时，我认为更多的是在画感受，我个人认为这种方式更加适合学生的年龄特征和学习方式。学生的作业效果也较为理想
欣赏绘画	教师通过一种形象的手法，引导学生欣赏绘画作品，应该是一种较好的手法，但有的同学还在忙自己的事，思想不够集中，可能是教师没有调节好

表 4-6　课堂观察记录(6)

课题	流过家乡的小河
观察主题	课堂意外，教师处理
观察对象	一位学生
观察要求	描述课堂意外，以及教师应对情况

（续表）

印水	1.学生在滴入墨汁后,把墨水调得太匀,没能印出理想的漂亮图案 2.老师帮助印画后,学生继续创作
画水	1.学生想得较慢,没能在规定时间内完成任务 2.教师展示部分学生作品后,该生继续创作
画小河	1.学生基本掌握 2.老师说"真漂亮",该生更加用心,继续创作
欣赏画	学生感情得到升华

附:学生的观察

学生的学后感

一位表现一般同学的学后感

一堂美术课中,我们要用一张纸做祖国的小河,我打了一盆水,再滴入一滴墨汁,把纸放上去,然后迅速拿上来,用餐巾纸擦干,接着用毛笔画上小河的光彩,还有太阳对小河的照亮,用点滴的方法画光彩,画出小河的流动线条。教师把我们的画挂在了黑板上,又用事先做好的小船带我们游过了许许多多的母亲河。我想要是中国再添几条母亲河就更美了。每当美丽的小河流过身边,人们都会打一盆水洗衣服,不过我衷心地希望,人们不要再把污水倒入小河了。

一位表现优异的同学的学后感

今天是星期四,听说今天整个吴江区,以及苏州市的领导要来我们学校听课,我们班轮到上美术课。教师把我们领到了美术专用教室上课,我们刚一进去,外面就涌进一大群的教师,等听课教师们全都到齐了,便开始上课了。这节课与平时有一个十分不同的地方,那就是这节课一开始教师并没有直接写出课题,而是让我们干了这次作画的第一步,并让我们看了许多作品,然后再写出课题,使课堂内容充实了许多,因为在看画时教师还不时提出一些问题,这使我大显身手。后来在画画的时候,有位教师见我画得好,就打开我的美术本子看了一会儿,又打开我的书看了一下。后来教师们纷纷走开来看同学们的画,有几个教师围在我这里看我的画,我有点不自在,又感到几丝喜悦。回答问题时,我十分自信,因此受到了教师的表扬。后来,教师又让我们几个组长把同学们的画贴了出来,教师折了只纸船在画之间"游来游去",真美呀!

下课后,我想:我不能骄傲,争取下次表现得更好!

一位后进学生的学后感

“丁零零……”上课铃响了，同学们排着整齐的队伍走进美术专用教室。

上课了，教师们叫我们拿出工具，水桶、墨汁、毛笔、颜料、调色盘、餐巾纸等。一开始，教师叫我们往水桶里装上水，滴上墨汁，把桌上的纸放进水里，然后拿起来，用餐巾纸把纸擦干净，就出来了一幅画。接着从水粉颜料管中挤出颜料，放入调色盘里，把毛笔弄上颜料，用来涂色，这样就出现了一幅美丽的画。下课后，我心里十分高兴，像在天堂里一样，开心极了。

“一课三磨”

——一种“时间”研课方式

“一课三磨”是一种教学研究方法，即同一位教师对同一节课在不同的平行班连续上三次并评三次，以此来打磨课堂。而把握好三次上课评课的时间节律，能够提高课堂教学的有效性。

如果说，主体间性的研课是将课堂以空间方式展示开，通过对比揭示课堂教学的规律。那么一课三磨就是用时间的方式加以展开，通过前后对比，揭示课堂教学的本质。

下面以人美版小学美术四年级上册第十七课《泥玩具》的教学为例进行说明。

“磨课”面对的是教学的某一个方面，不可能面面俱到，本课结合教学内容和师生实际，决定把重点集中在学生表情的“打磨”上。情感是儿童美术学习的核心因素，学生的情感主要集中在表情中，表情是可以通过观察得以把握的。

附件记录的三个时间点，分别是当下、短时、长久这三个时段的磨课，它们形成了一种研究的策略和途径，对于研究内容选择、教学目标的定位、学生素质的提高、教师发展的延续具有独特的功效。

一、三个时间点串起教研内容的主题

当教师上完一堂课，马上进行磨课，一般关注的内容是师生在当时的表现，集中于“课时”这个范畴。表现为哪个环节学生反应不当，是什么原因，可以采取怎样的方式？这有一种就事论事的“嫌疑”。这个时间点选择得离下课时间越近，双方进入“在场”的可能性越大，越容易沟通和交流。它所具有的优点是：①上课教师和听课教师的经验比较清晰，能够达成共识。②上课教师能够及时发现教学时间在哪个环节出现了断点，哪个环节用时过长，

哪个环节用时过短，这些个性化的经验很难转化为理论经验，比较容易遗忘，因此，需要在短时间内进行调整，在这个时间点磨课利于教师找到比较合理的教学方法。③有利于上课教师生成“准”课堂应变智慧。如果说上课教师在课堂中出现的“失误”需要弥补的话，那么在短时间内及时调整，创生出合理的教学方法，也并不算晚，这个过程经过熟练运用，就能够在课堂中生成教学智慧了。④有利于解决常态课堂的改进。这种“临时抱佛脚”的方式，只能让上课教师在很短的时间内、在现有的条件下、在有限的教学空间中进行调整。这样的磨课具有很强的实用性和现实性。

当然，这种短时间内的磨课容易遮蔽一些问题，例如，能够完成短期目标的课就一定能够完成长期目标吗？解决了教学中出现的问题就是一堂好课吗？所有教学中的问题都能够解决吗？那么，这种研究的内容如何才能进入教师的眼帘呢？它需要长期“磨课”这个平台。长期可以是一个教学单元、一个学期甚至是整个教学生涯。正如上文中所描述的那样，正是因为课堂中的优秀作业出现了断裂，不能在下一节课使用，促使教师发现，学生还不能理解作品需要“概括”到怎样的程度，为什么要“概括”，不能建立起核心知识体系。这个研究的内容在短时教研内是不会被发现的，需要经过一段时间，通过教师的综合观察，才能发现的教学的长远目标，进而确立的教研内容。

所以，短时教研会让当下的问题扑面而来，而长时的教研会让教育的本质、核心知识、终身教育等根本性问题凸显出来，这种“倒逼”不仅仅是主体对时间的主动出击，有时也是时间对主体的一种逼迫。

二、三个时间点连起教学目标的位置

短时教研解决的是课时目标，这种教学目标的出现有两个维度，一个是自上而下的维度，是国家课程标准所规定的；另一个是自下而上的维度，是通过教研活动，对教学内容、师生情况、教学方法、教学环境的了解，来审视这种教学目标是否适合学生。短时教研发现的诸多问题，最后必然指向教学目标是否达成这个最后的问题。学生为什么出现情绪降低、作业水平不高、回答问题的积极性不足等问题，让教师去追问教学目标，提出了很多意见和建议，最后学生达成了教学目标，短期教研活动也告一段落。

然而，正如一个微小的失误，如果任其发展，最后也会造成巨大的错误。如果没有长期教研，没有长期目标的审视，这个课时目标也是缺乏深度的。教师经过一段时间的教学，再来看所上的这节课，还是会产生很多问题，为什么这节课的优秀作业在下节课就不符合标准了？为什么一年学习下来，学生没有进步？为什么学生会认为泥塑比较脏呢？这就说明这节课中学生没有掌握核心知识，没有取得根本性的进步，没有解决学生的情感问题，所以，长期教研关注的目标会有所不同，会和学生的长期目标形成一个系列。只有这样前后相贯的教研活动，才能解决“10 年的时间，2700 多节课时，用来学语文却是大多数不过关”的问题。

所以，一课三磨能够把教学目标磨得明晰起来。

三、三个时间点拉长学生的进步空间

苏霍姆林斯基曾经说过，如果教学没有让学生获得哪怕一丁点儿发展，那么这节课对学生来说就是没有意义的。三个时间段的教研，让学生不仅能在一堂课中，而且能在更长的一段时间内获得进步。请看课例中的学生情感发展曲线图(如图 4-4)。

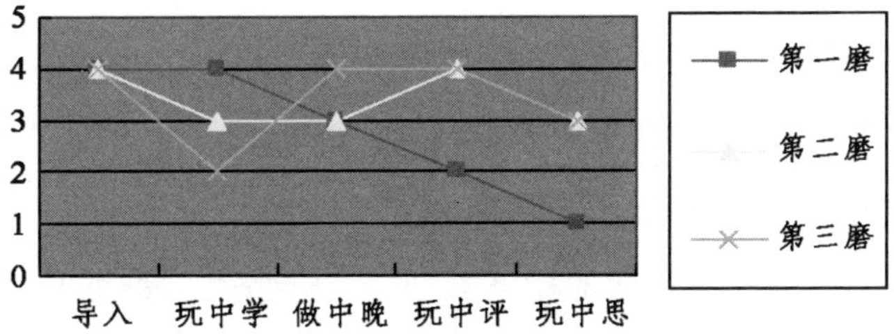

图 4-4 一课三磨学生情感发展曲线图

在第一磨中，学生的发展方向是由高到低的，在第二磨中，学生的方向是由低到高的，在第三磨中，基本和第一磨相似。但是，在作品的呈现效果以及学生操作的熟练程度上来看，比第二磨进步更大(如图 4-5)。

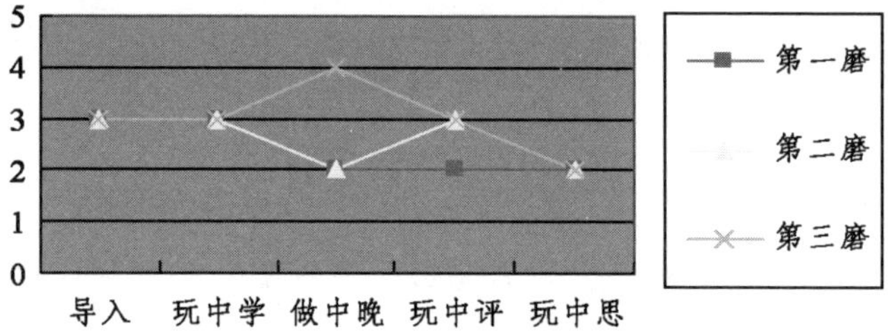

图 4-5　一课三磨学生动作反应图

所以，一课三磨能够激发学生智慧，拉长学生的进步空间。

四、三个时间点延伸教师发展的维度

三个时间点的教研活动符合教师的日常教学行为，有利于促进教师的延续性发展。教师的发展如果不能延续下去，每个学年面对同样的内容，会产生审美疲劳，久而久之会形成“结壳”现象(贺天健先生认为作画落入习惯定式，无法走出来，就像结了一层“壳”一样)。一课三磨符合教师日常教学，如果教师有平行班，那么两课之间如何进行调整，使得每一堂课都有进步，需要掌握短期教研的技巧。如果教师循环教学某一年段，一年或者几年下来，当再次教到这个内容时，会运用到长期教研的技巧，认识到哪些知识才是核心知识，对学生的终生发展有用，需要重点教。这样，他的教学就指向了学生的学习素养，他的教学能力也就有了进步。

三个时间点的教研活动，能够利用教师集体力量，提升个人业务水平。这种教研活动可以是集体间的相互教研，一人连续上课，集体多次点评，把一个项目做深做透，能够在短时间内提高个人的上课水平。如果能够把它作为习惯和意识，用一生的时间去实践，追求每一堂课的进步，那么，“用一生时间来备一节课”，还不能提高教师的教学能力吗？

三个时间点的教研活动，能够把集体知识和个人知识的学习融合起来，提高教师的知识水平。它符合教师的记忆规律，积累短时记忆内容，拓展长时记忆内容，获得教学经验。这种教学经验既是对教学规律的集体性认识，更是对教学实践的个体性认识，它们构成了教师教学知识的体系。

所以，一课三磨有利于教师持续性发展。

附:记录

第一“磨”(时间:第一课时)

【教学实录】

一、游戏导入

师:(出示吸管,并且吹响)同学们,你们能吹响吸管吗?除了吹的方法外,你们还能找到其他的方法吗?

(学生鼓着腮帮子,吹得面红耳赤。有一些学生还真的吹出了声音)

师:今天我们来制作一个吹得响的泥玩具,好吗?

(教师板书课题:泥玩具)

二、玩中学

师:(在ppt中展示各地的泥玩具)同学们,这些泥玩具在形状和色彩上有什么特点?

生:它们的形状很多样,色彩很鲜艳。

师:(出示鸡的泥塑和实物照片)大叫鸡(泥塑)和我们生活中的公鸡在形状上有什么不同?为什么要做成这样?

生:大叫鸡尾巴的形状像花一样,这样更加漂亮。

师:真实的公鸡尾巴形状更加复杂,大叫鸡的尾巴显得更加整齐。这种方法我们叫作概括。

(教师板书:概括)

师:(出示山羊的泥塑和实物照片)这只山羊头部和真实的山羊有什么不同?为什么要这样做?

生:泥塑的山羊角更大更圆,作者采用了夸张的方法。

(教师板书:夸张)

师:(小结)今天我们制作泥玩具的泥胎部分,主要用到概括和夸张这两种方法。

师:(出示民间泥塑图片若干)你们最喜欢哪件玩具?作品中哪些地方运用了概括和夸张的方法?

学生回答(略)

三、玩中做

师:(出示一块三角形陶泥,放入吸管)它像什么?

生:像犀牛,像刺猬……

师:(把泥块搓成圆形)它像什么?

生:像小猪、像兔子……

师:老师制作的是公鸡,在哪些地方可以采取概括的方法?为什么?

生:公鸡的腿部可以概括一些,这样能够站立得稳固一些。

师:哪些地方可以采用夸张的方法?为什么?

生:公鸡的尾巴可以夸张一点,因为它的尾巴很漂亮。

师:(播放录像)做泥人的老爷爷是怎么做玩具的?你能说出制作步骤吗?

生:先做大概形状,再做出细节。

师:让我们制作一个泥玩具,比一比,谁做得最好玩?

学生制作(部分同学没有马上动手,左顾右盼),教师巡视指导。

四、玩中评

(同学将作业展示在陈列台上)

师:你们觉得哪个玩具最好玩,好玩在什么地方?

生:(不能很快地安静下来,被指名回答的同学声音轻,语句不流畅,比较犹豫)小猪很有趣。刺猬做得很细致。

五、玩中思

师:今天我们学习制作了泥玩具,对你有什么启发?

生:(有些漠然,举手者寥寥)我学到了泥玩具的制作方法。

师:(展示中国民间玩具作品)你喜欢这些玩具吗?为什么?

生:喜欢,很好玩,很喜庆。

(教师结束教学)

【磨课意见汇总】

1. 在玩中做环节，时间紧，学生差异大，缺少具体方法指导，导致学生作业差异性明显。教师对能力差的同学指导不够。

2. 在玩中评环节，学生没有掌握如何评的方法，缺少评价的动力，可以通过举办展览会的形式调动学生的积极性。

3. 在玩中思环节，部分学生不知道应该如何回答问题。

第二“磨”(时间：一节课后)

【教学实录】

经过一个课时的打磨，教学过程如下(对于相同的环节不作记录)：

一、游戏导入(略)

二、玩中学

师：(出示鸡的泥塑和实物照片)大叫鸡(泥塑)和我们生活中的公鸡在脚的形状上有什么不同？为什么要做成这样？

生：大叫鸡的脚和尾巴连在了一起，变得又粗又短。这样做是为了防止它跌倒。

师：这种方法我们叫作概括。

(教师板书：概括)

师：(出示山羊的泥塑和实物照片)这只山羊角和真实的山羊有什么不同？为什么要这样做？

生：泥塑的山羊角更大更圆，显得更加威武。

师：这种方法我们叫作夸张。

(教师板书：夸张)

师：今天我们制作泥玩具的泥胎部分，主要用到概括和夸张这两种方法。

师：(出示民间泥塑图片若干)这些玩具可以概括成什么形状？

生：圆形。

师：这个圆形我们还可以做成哪些东西？

生：刺猬、兔子、河马、孔雀……

师：（继续出示老虎的泥塑图片若干）作者主要抓住了哪些部分进行夸张？

生：有的抓住表面的花纹，有的抓住嘴巴，有的夸大头部，还有的比较萌……

（先理性概括，再延伸到具体的作品，这是一个对形象进行拓展的环节，学生回答肯定，语速较快，表情轻松）

三、玩中做

师：同学们想看一看民间艺术家是怎么做出这些好玩的泥塑作品来的吗？（教师播放录像）

师：你能说出它的制作步骤吗？

生：先搓出大概形状，然后做出各个部分。

师：（出示一块陶泥）老师用压的方法做出三角形，它像什么？

生：像鳄鱼，像愤怒的小鸟……（众笑）

师：（改变陶泥的角度）如果从这个角度看呢，你又有什么新的发现？

生：像企鹅，像坐着的猩猩，像猴子的脸。（教师表扬学生能够根据动物的局部进行想象）

师：如果我们用揉、搓的方法把一些地方进行变形，再来看它像什么？

生：像兔子（教师顺势剪出耳朵），像变形金刚，像蜘蛛……

师：我制作的是公鸡，在哪些地方可以采取概括的方法？为什么？

生：公鸡的腿部可以概括一些，这样能够站立得稳固一些。（教师演示）

师：哪些地方可以采用夸张的方法？为什么？

生：公鸡的尾巴可以夸张一点，因为它的尾巴很漂亮。鸡冠可以更高一些，这样更威武。（教师继续演示）

师：(演示)最后，我们可以插上一段吸管，看，一只能够打鸣的“大叫鸡”就出现了。

师：今天你准备制作一个什么玩具，准备采用什么方法？

生：我想制作大象，采用压和刻的方法……

师：让我们运用概括和夸张的手法，制作一个泥玩具，并举办一个展览会，比一比，谁做的泥玩具最好玩。

(学生制作，教师巡视指导)

(先让学生观看录像，了解制作步骤，再根据具体的形体进行想象，教师提供实例进行示范，在此基础上学生进行“实战”，绝大部分同学能够“意在笔先”，马上进入作业的状态了)

四、玩中评

师：先做完的同学可以交流玩具，玩一玩。

师：玩具展览会开始了。(教师展示学生作品)

师：这些玩具你觉得哪个制作最精致？哪个最有趣？哪个最好玩？看哪个同学能够获得这三个“奖章”？

生：蜘蛛最有趣，看了很恐怖。葫芦最好玩，还能够发出声音呢……

(教师给作者颁发“奖章”，调动了学生评价的积极性，先玩再评，能够让学生发现玩具中凝聚的“意趣”)

五、玩中思

师：今天我们学习制作了泥玩具，对你有什么启发？(看到学生不够积极)回答最精彩的同学，奖励给他老师精心制作的“大叫鸡”。

生：(学生一下子踊跃起来)我学到了概括和夸张的方法。泥玩具虽然玩的人不多了，但是还是挺好看的。

师：我特别欣赏这位同学的回答，你看到了泥玩具独特的美，很不简单。

师：(展示中国民间玩具作品)你们喜欢这些玩具吗？为什么？

生：喜欢，很好玩，很喜庆，很特别。

（教师结束教学）

（加强了刺激力度，学生的回答也比较出彩）

【磨课意见汇总】

教师们一致表示，课堂教学很完美，学生情绪饱满，学习效果良好，已经提不出什么意见了。

但是两个插曲引起了我的关注。一是有几个女同学很小心地触碰泥团，低声说："黑乎乎的，不好看。"二是在一周后学生的作业出"事故"了，被评为最佳作业的"蜘蛛"由于脚的制作比较细长，断成了数节。这引起了我的思考，学生比较高的学习情绪，是出自对泥玩具的喜爱吗？还是仅仅为了顺利地完成学习任务而已？学生真正理解了泥玩具概括、夸张的特征，是因为泥的特点和玩的功能给予的吗？还是因为这种特征是教师告诉他们的，他们并没有找到知识的根源？

第三"磨"（一周后）

【教学实录】

一、立体感知泥玩具

1.教师拿出放有泥玩具的布袋，请学生摸一摸，猜猜它是什么形象，猜对的可以拿走。

2.学生尝试，但是成功率并不高。

3.教师出示布袋中的泥玩具，让学生看一看它们在艺术表现和实用功能上各有什么特点。

教师归纳：造型夸张、色彩鲜艳、有趣好玩。

4.揭示课题：泥玩具

（通过摸、看泥玩具，体验泥玩具的两种"玩"的方法。也是泥玩具的知识的根本来源，设置这样的情景，能够奠定教学的氛围）

二、玩中学

师：（出示泥玩具若干）你们最喜欢其中哪一个？它是怎么好玩的？

生：最喜欢坐猫，它的头能够活动。最喜欢叫猴，能够吹出声音来……

师：泥玩具的一切特点都要符合好玩的特点。

（教师板书：好玩）

师：（继续出示泥玩具作品）“大叫鸡”和生活中的公鸡有什么不同？为什么要这样设计？

生：省略了鸡脚，这样更加稳固。

（教师板书：概括）

师：（出示山羊的玩具）泥塑的角和生活中的山羊有什么不同？为什么要这么设计？

生：泥塑山羊的角更大更圆，显得很有气势。

（教师板书：夸张）

师：这是泥玩具在艺术表现上的特点。

（再次点明“好玩”是本课学习的目标和评价的标准，并且以此建构泥玩具的知识）

三、玩中做

师：这些好玩的作品都是用泥做成的，看，它们在艺术家手里有了生命。播放艺人泥塑的录像。

师：让我们一边玩一边做（教师边演示边讲解）。拍一拍、压一压，这块三角形的陶泥可以做成什么？

生：可以做成骆驼、鱼……

师：如果换个方向呢？

生：可以做成恐龙、青蛙……

师：我再搓一搓，捏一捏，看，它又像什么了？

生：可以做成大象、香蕉人……

师：（示范做“大叫鸡”）我可以剪出公鸡眼睛，贴上鸡冠，刻出花纹，再加上一段吸管，看！一只“大叫鸡”就出现在了我们面前。

师：同学们，今天你们准备制作一个什么玩具？

生：大象、恐龙、狮子……

师：请同学运用概括和夸张的艺术手法，制作一个泥玩具，比一比，谁的作品最好玩？

学生制作、教师辅导。

（边玩边做，让学生在“卷入”集体活动中亲近泥土。边做边想，让学生在随意玩耍中构想内容。边玩边听，让制作的技能和方法变成自己的知识。玩中做的教学方法，提高了学生的学习效率）

四、玩中评

师：先做完的可以相互玩一玩，给对方提点建议。

师：（集中展示学生的作业）比一比，谁的玩具最好玩？（教师设置三个标准：最佳造型、最佳创意、最佳制作）

生：我最喜欢骆驼的玩具，摆在书桌上，让我感到要像它一样勤奋……

（三个奖项的设计，能够引导学生的制作方向。边玩边评，让学生运用知识评价他人的完成情况，考察了学生个人知识的掌握情况）

五、玩中思

师：泥玩具的玩法和你家里面的玩具有什么不同？它有什么独特的功能？

生：虽然不容易保存，也不太精致，但是它好像是活的，让人感到既亲切，又特别……

（知识是玩出来的，小问题能够折射大问题，学生回答也会容易许多）

【观察记录】

表 4-7 《泥玩具》课堂观察表

内容 \ 次数		第一磨	第二磨	第三磨
一	导入	眼珠正中，兴奋，动作熟练。（好奇，比较新奇、有趣）	眼珠正中，兴奋，熟练。	眼珠正中，兴奋，熟练。
二	玩中学	眼珠正中，联想环节（眼珠右上），兴奋。（好奇——兴趣，在学习的同时进行思考）	眼珠正中，较高，熟练。	眼珠正中，一般、熟练。
三	玩中做	部分同学在开始制作时左顾右盼，一部分同学很快、很大胆地进行了尝试。眼珠向下。情绪较高。动作一般。（图形联想制作成动物有点难）	眼珠右上，较高，一般。	眼珠右上，部分左上（创造性想象）兴奋、精熟。
四	玩中评	眼珠正中，向上。部分同学没有参与点评，在下面无所适从。情绪一般。	眼珠正中，兴奋，熟练。	眼珠正中，兴奋，熟练。
五	玩中思	眼珠正中。学生最后反应不大。情绪较低。（不知如何回答。有些同学没有完成任务）	眼珠正中，较高，一般。	眼珠正中，较高，一般。

观察内容说明：

学生眼珠位置：正中，右上，右下，其他。

学生情绪状态：低落、一般、较高、兴奋。

动作：体态动作。

操作动作：散漫、一般、熟练、精熟。

听课笔记的表象性分析

边际教学主要采用“比较”的研课方式，通过比较和分析，对教育现象进行改进。

同一节课，有人听得枯燥乏味，有人听得风生水起，同样的教育现象，不同的观察行为，就会“听”出不同的教育视界，带来不同的教育世界。所以，我们需要建立合理的听课方式。

一、样态

通过搜集，学校教师中主要存在七种听课笔记，可以命名为提纲式、实录式、听悟式、图画式、反思式、专题式和合作观察式。

1. 提纲式

对教学过程进行提纲式概括，对教学内容进行陈述性表达，记录自己听课的直接感受，反思多为一些经验性判断。

2. 实录式

按照教学的流程进行记录，采用描述性的语言，能够从对话、行为、表情等多方面进行表述，注重表达的真实性和完整性，能够简要记录自己的感受、思考和判断。

3. 听悟式

按照教学的流程记录内容，并根据内容进行判断，提出改进的措施。

4. 图画式

用图画的方法描绘课堂场景，记录听课感受。

5. 反思式

用“文字＋图标”的方式记录教学过程，标明环节之间的关系，用陈述性语言进行记录，寻找环节之间的依据，判断教师的教学意图。注重听课的思考，并对某类现象进行理性思考，列出和上课教师交流的问题。

6. 专题式(问题式)

用表格形式,记录师生的问答情况,旨在分析师生言语交流情况。

7. 合作观察式

针对某一研究任务,由多人合作进行课堂局部观察,汇总记录结果后进行整体分析。

二、理论设想

合理的听课记录应该是怎样的?

什么是合理性?哈贝马斯认为,“真实、自由和正义的思想,作为相互关联的先验的基本规范……建设性地植根于生活世界的合理结构之中。”他提出的交往行为理论,是通过对生活世界和以语言为媒介的人际交往活动的语用学分析,发现了交往行为的三大有效性要求,即“真实性”“正确性”“真诚性”,即理论理性表达真实性,实践理性表达真诚性,审美理性表达正确性。真实性是指言说者对客观世界中的现存事态的描述必须真实可信,这是从客观立场而言的,以便与他人分享知识;正确性是指言说者执行的特定交往行为必须符合社会世界中的交往规范和特定秩序,这是从规范立场而言的,目的在于得到听者的认可;真诚性是指言说者在交往互动过程中对自己特有的内心世界的表达必须是真诚的,这是从表现立场而言的,可以使交往参与者彼此信任。(哈贝马斯《现代性的哲学话语》)哈贝马斯从认识论、方法论、价值论三方面谈论了语言交往的合理性。

诺奇克在《合理性的本质》一书中认为,“在哲学的文献中,有着以下两种观点:①合理性被当作是一种理由的问题。信念的理念是信念是否合理的衡量标准。由于这样的衡量准则,可以认识该信念是真的;②合理性的问题与可靠性是等同的。在信念产生并且维持的程序、过程中,这样的比例如果比较高的话,真信念就会这样产生吗?而合理的信念者就是由那种可靠地产生真(或者具有其他可欲的认知美德)的信念过程而产生的信念。”由此可见,诺奇克更多强调的是形势的合理性,即由真的前提、真的过程,去推导出真的结果。

韦伯从社会行动方面谈了四种合理性类型：①目的合理的行动。把外界对象以及他人行为作为达到目的的手段，并以最为有效的途径达到目的和取得成效。②价值合理的行动。为了某种绝对价值或自觉信仰（真善美）采取的行动，这种行动并不考虑有无现实的成效。③情感的或情绪的行动，即由于现实的感情冲动和感情状态而引起的行动。④传统的行动，即通过习惯而进行的行动。只有价值合理的和目的合理的行动才属于合理的行动，也才是严格意义上的社会行动。传统的和情感的行动，可以被看作是“理想类型”中的“合理”行动的“偏差”。（翟玉晓、刘书雁《理性中的非理性》）

克里斯托在《最低限度的合理性》一书中谈到，理性能力运作的结果，表现为信念之间或者信念、欲望和行为之间的一种合乎理性的关系，即合理性。或者说，合理性是指通过人的理性能力的运作，而在行为者和知者这两个层次上所表现出来的特定的心智结构的特性。

听课记录的合理性表现在哪些方面？根据我国近年来的相关论文，主要集中在两个方面，一是从听课笔记的内容上分析，二是从功用上进行阐述。前者如吕赟在《如何写听课笔记》一文中，认为听课笔记可以记录精妙、不足、疑问、感悟、反思之处。然而，精妙与不足的标准是什么？如何能够在实际操作中预见并记录？值得我们商榷。后者如胡燕在《近十年来关于听课评课研究的相关综述》一文中，提出了听、看、记、想、谈五种听课方式，并且认为听评课是一个整体，包含听、说、议、改等行为。这种观点对听课的外延进行了拓展，但是对“听”的内涵显然着墨不多。面对同一节课，不同程度的“听”会产生不同的思考和判断。例如，有的教师“听”到学生一边听课一边晃大腿，判断为学生在开小差。这显然是缺乏依据的。有专家经过调查后发现，不同的人在听讲时会伴随不同的衍生动作，这也是“专注”的一种表现形式。当然，学生是否开小差，完全可以被听课者所“观察”到。只要了解一下这位学生的作业或者其他表现行为，我们就能很容易“看”到。

因此,教师听课是一种行为方式,也是一种人际言语交往活动,是一种理念的体现。能够正确反映课堂现实,能够提高个人的认识,能够改进个人教学行为,能够获得他人认同,这样的听课方式就是合理的。

1.工具合理性

韦伯提出的目的合理性,即不考虑道德因素,从实用主义角度出发,行动借助理性达到自己需要的预期目的。从这个方面出发,课堂听课笔记的合理性,主要体现在三方面:能够正确反映课堂现实,提高听课(上课)教师业务能力,顺利完成听课目标。它包括目标、手段、过程、结果等方面。

2.认知合理性

哈贝马斯认为,认识与旨趣有三种形式,即技术、实践和解放的旨趣。马克思主义认为,理性认识的三种形式有:概念——对事物本质属性的概括;判断——在概念的基础上对事物的各种关系进行区分、识别;推理——由一个已知的判断推出下一个判断。认知心理学也从人类心理认知的角度,分为注意、知觉、表象、记忆、思维等机能。从这方面分析,课堂听课笔记的合理性,主要包括能够完整感知课堂内容,记录课堂现象,形成正确反思,即能够观察、理解、记忆、思维、想象等。

3.行为合理性

韦伯的行为合理性理论,从现实和理想两个角度进行了构建。这给教师的课堂听课以启示,教师的听课行为,是一种带有明确目的性的行为,也体现了教师职业的理想和追求。从这方面分析,课堂听课笔记的合理性,应该包含教师的听、想、记、思、谈、做等行为,既能够体现行为的协调,又能够促进行为的改进。

4.社会交往合理性

教师的听课行为,也是一种社会交往的行为,需要符合社会交往的合理性。这种合理性一般包含三个方面:一是现实的合理性,即能够正确反应客观现实属性。二是社会合理性,即能够符合社会的伦理道德标准。三是自我实现的合理性,即能够体现个人的价值追求。这三种合理性相互作用,共同发挥作用。

因此，我们可以设想雷达图的考量方式，对教师的听课行为具有一定的启发。

三、合理性分析

1.提纲式听课笔记

在工具的合理性方面，提纲式听课笔记缺少听课目标，记录采用陈述性语言，使用事实性知识和程序性知识，关注过程的记录，不太关注听课后的反思。在认知合理性方面，注重观察，但是在理解、记忆、思维、想象方面着力不多。在行为合理性方面，主要关注听、想、记等方面，在思、谈、做等行为方面不够注重。在社会交往合理性方面，带有主观色彩，在现实合理性、社会交往合理性、自我实现合理性方面缺少关注。（见图 4-6）

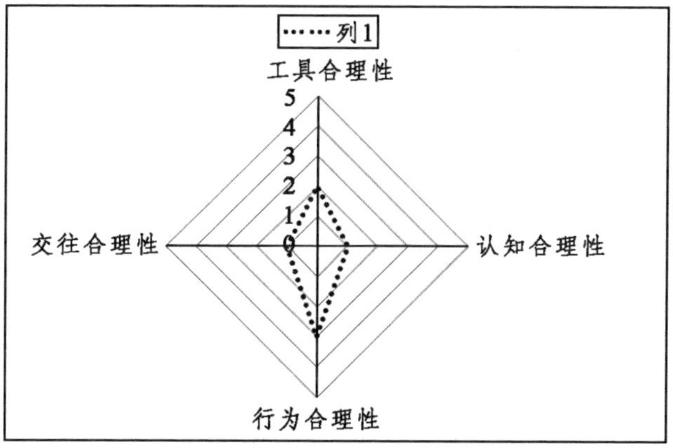

图 4-6　提纲式听课笔记合理性示意图

2.实录式听课笔记（课堂实录）

在工具的合理性方面，听课的目的并不清晰，记录采用描写性语言，使用事实性、程序性、反省认知性知识，关注听课的过程。在认知合理性方面，注重观察、理解、记忆、思维、想象等能力的运用。在行为合理性方面，关注听、看、想、记，在思、谈、做等方面还有所不足。在社会交往方面，注重现实合理性与自我实现合理性，在社会合理性方面体现不充分。（见图 4-7）

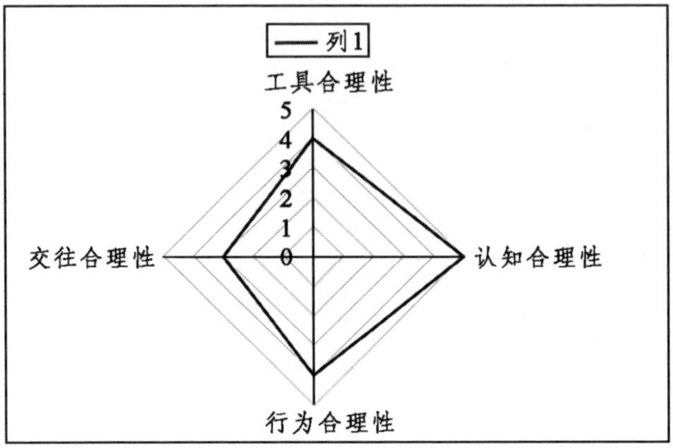

图 4-7　实录式听课笔记合理性示意图

3. 听悟式听课笔记

在工具的合理性方面，重在对课堂的感悟，目的明确，记录采用陈述性语言，使用概念性、程序性、反省认知性知识，关注听课的过程，重视听课的反思。在认知合理性方面，重视观察、理解、记忆、思维和想象。在行为合理性方面，注重听、看、记、思、谈等行为。在交往合理性方面，注重社会交往和自我实现的合理性。（见图 4-8）

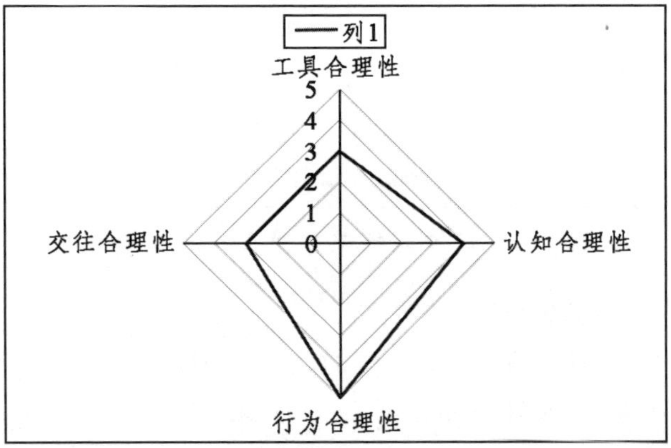

图 4-8　听悟式听课笔记合理性示意图

4. 图画式听课笔记

在工具的合理性方面，采用图画的方式对课堂教学的局部表象进行记录，显然在目的、过程和结果方面着意不多。在认知合理性方面，重视观察和想象。在行为合理性方面，关注看、记等行为，显然对其他行为有较大的影响。在交往合理性方面，关注现实的合理性。(见图 4-9)

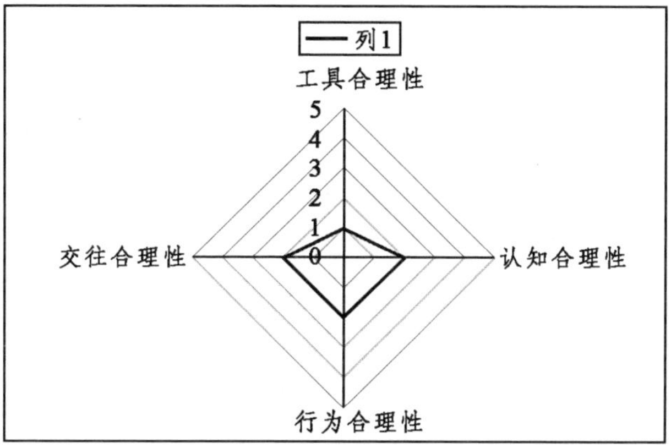

图 4-9　图画式听课笔记合理性示意图

5.反思式听课笔记

在工具合理性方面，听课的目的比较明确，记录采用陈述性语言，使用概念性、程序性、反省认知性语言。在认知合理性方面，重视观察、理解、思维、记忆和想象，特别重视对现象的理性思考。在行为合理性方面，关注思、谈等行为。在交往合理性方面，比较重视现实合理性、自我实现合理性和社会合理性。(见图 4-10)

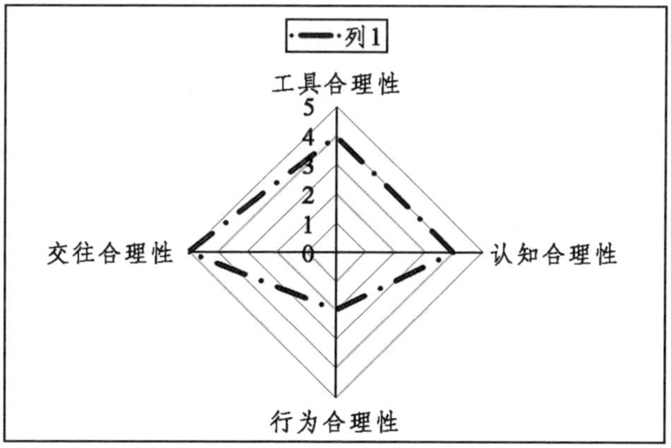

图 4-10　反思式听课笔记合理性示意图

6. 专题式听课笔记

在工具合理性方面，听课目的明确，主要集中于师生问答的研究。记录采用描述性语言，运用事实性、陈述性知识，关注听课的过程，注重听课后的反思。在认知合理性方面，重视观察理解思维和记忆，但是对于想象重构不太关注。在行为合理性方面，注重看、记、思、谈。在交往合理性方面，比较重视自我实现合理性和社会交往合理性，但是对现实合理性关注不充分。（见图 4-11）

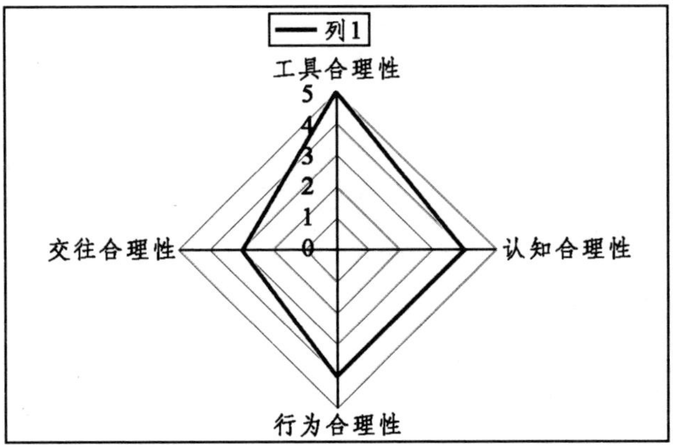

图 4-11　专题式听课笔记合理性示意图

7. 合作观察式听课笔记

在工具合理性方面，听课目的明确，记录采用描述性语言，运用事实性、陈述性、概念性知识，关注听课后的反思。旨在通过局部的观察记录，采用合作交流的方式，形成对课堂的评价。在认知合理性方面，通过观察、理解、思维，达到对课堂的认知。从行为合理性方面，注重看、听、想、记、谈等方式，提高行动能力，但是在做的方面有所不足。在社会交往合理性方面，注重现实合理性和社会交往合理性的体现，但是对个人合理性方面会有一定的保留。（见图 4-12）

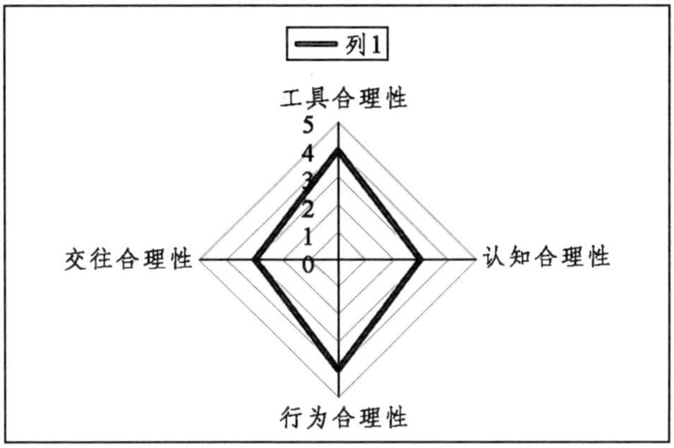

图 4-12　合作观察式听课笔记合理性示意图

8.七种听课笔记的比较

对七种听课笔记的合理性进行比较,我们可以有所发现。(见图 4-13)

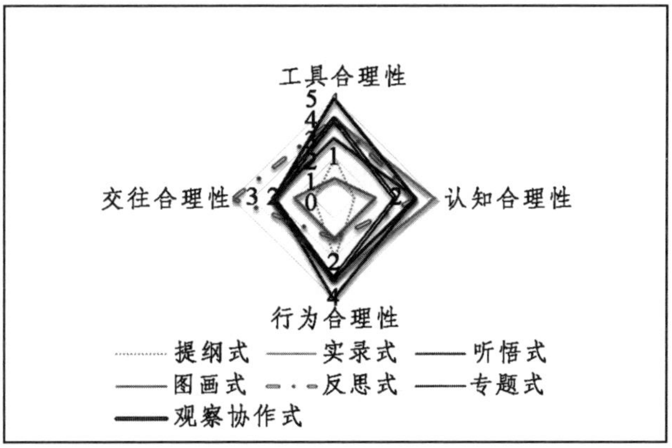

图 4-13　七种听课笔记合理性比较示意图

提纲式听课笔记为一般教师所喜欢,但它缺少明确的目的性,记录缺少细节,表达方式类似于教案,反思主要为个人的主观判断。听课过程缺少思考、想象,对个人实践帮助不大。听课内容较少公开,难以通过交流而改变听课行为。例如,教师记录:“一、导入。图片导入,两张脸(黑色)花瓶(白色)。”反思一栏写道:“问题(少)深度,学生无法回答。”听课教师没有写清上课教师提了什么问题,凭什么做出这样的判断。

实录式听课笔记为研究型教师所喜爱。他们往往有比较明确的教研任务，听课比较认真，注重“全程”记录，多采用描写性语言。教师在此基础上进行的判断比较准确，思考相对深入，有利于教师的行为改进。但是，由于听课教师过多关注于细节，因此，在反思的广度和深度上存在不足。例如，教师记录：“教师提问，‘帮蓝天找朋友（颜色）’，学生找出了白色、绿色。”反思一栏写道：“选择搭配的颜色，不仅是同类色，也可以是对比色。”这样的反思有些就事论事，而没有从学生的角度、课堂整体设计的角度进行思考。

听悟式听课记录通常为学校管理者所乐用。相比较于实录式听课记录，这种记录有所简化，注重在听讲的过程中对现象进行即时性的思考，优点是教学流程清晰，便于听课者整体回忆，反思及时。缺点是由于记录还不够到位，所以，反思的客观性不足，带有较强的主观色彩。反思主要为就事论事，多为事实性判断，缺少建构性设计。例如，教师记录：“用拖（的方法）进行了投影示范，但一闪而过，完整画面的定格（不充分）让学生观察分析不足。”这样的判断没有联系学生的作业表现，是教师的有意为之，还是学生无关紧要的听课反应。听课教师的判断缺少事实依据。

图画式听课笔记较少为教师采用。相比较而言，图画式听课在各方面的合理性上效率不高，但是在其中我们还是能够看到它的优势。例如，教师对课堂环境的布置、作业的展示形式、板书的设计，以及教师的教态、学生的活动形式等等无法用语言充分表现的内容，都可以通过画面得以展示。俗话说得好，“窥一斑而得全豹”，抓住典型的画面形象，有时候更能获得本质的认识。

反思式听课笔记多为教育研究者所采用。记录者听课意图明确，主要分析教师的课堂结构和教学意图。注重记录主要的过程，并且归纳其设计目的，最后根据设计目的对教育现象进行解读。记录者能够从课堂表象的因果联系进行分析，较为深入。例如，教师记录：“孩子是否能够完全理解他们依照老师所提供的‘案件’去侦探的过程中，自己的任务是什么？探索线索真的有揭开谜底的作用吗？”并进一步得出自己的论点，“对美术画作做不同的理解与赏析，没有任何技法的指涉与分析，完全给予孩子去思索……”显然，听课者没有抓细节，更多关注课堂各种结构之间的关系，从而得出主要的“诊断结果”，能够抓住课堂的主要“问题”，揭示教师理解中出现的深层问题。然而，听课教师凭什么认为学生没有理解任务，孩子们的理解达到了什么水平，如何把任务转化为学生的需要……这些问题其实可以通过教学现象的观察去解决。因此，这种听课未免有用理论套用实践之嫌。

专题式听课笔记多为教育研究者所采用。研究者听课意图明确，主要分析课堂中师生问答状况。听课者采用图表和文字相结合的形式，对学生回答的人数、分布、频率进行记录，进而分析教师提问的合理性，具有很强的针对性。这样的听课方式，视线比较集中，观察比较深入。不足之处是，仅适用于课堂问答，观察面有所局限。

观察协作式听课笔记为广大一线教师所喜欢，优点是听课意图明确，观察点比较集中，通过“局部观察＋课后交流”的方式，获得对课堂的整体印象。这种听课方式对组织管理方面提出了更高的要求，在操作上比较复杂，听课数据的准确性、观察量表的合理性都影响着课堂效果的分析。例如，有教师观察到教师在一节课中提问六十多次，认为过多的提问影响了学生学习的自主性。这样的判断缺少现实依据，显得比较主观。

四、反思

教师的听课现状究竟如何？

根据对某地区388名教师进行问卷调查，有以下发现：在听课工具合理性方面，教师听课目的中，为了“偷师”而听课的老师占32.7％，外因占67.3％。听课过程记录详细的占70.6％，采用备课的方式进行记录的占37.8％，采用写字、画画、拍照等方式的占57.8％，其他方式的为2.5％。听课方式对听课帮助很大的为37.4％。说明听课教师目的性欠佳，听课过程记录虽然较详细，但方式不够多样，对自身帮助效果一般。在认知合理性方面，教师认为听课对上课有帮助的占96.8％，对写作有帮助的占10.1％，对评课有帮助的占23.4％，认为听课能够提高自己感知能力的为10.8％，理解能力的为 20.6%，想象能力的为 40.2%，创造能力的为 18.6%。由此可见，教师对听课作用的认识比较狭隘(主要集中于上课)，认为听课主要在于提高自己的设计能力。在听课行为中，主要集中于听、看、写等行为，而忽视想、谈、做等行为。在社会交往中，能够正确理解课堂情况方面，采用“毛估”的为 17.1%，认为来不及看的为 12.2%，能够根据实际情况来看的为 68.2%，认为理论不行的为 2.5%，可见大多数教师比较注重客观现实。在评课中，认为意见有用的为 63.3%，能够部分听取的为 35.0%，可见教师自我认同这种评课方式。能够实事求是的占 85.7%，只说缺点的为 4.6%，只说优点的为 5.6%，说明教师在评课中能够突出现实，重视自己的感受，但是考虑对方有所不够(评课者自认为能够实事求是进行评课，但是却有三分之一的上课者认为只能部分听取，这值得我们深入思考)。(见图 4-14)

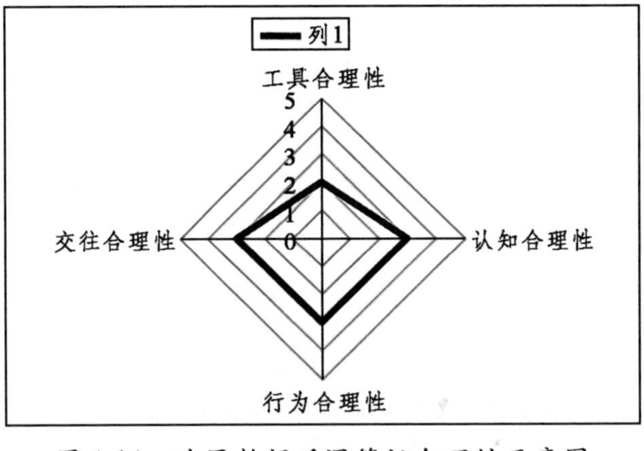

图 4-14　地区教师听课笔记合理性示意图

问题所在：

第一，我们听懂了课堂吗？为什么我们有很多种听课方式，却难以真正听懂课堂？为什么同样听一节课，有的教师能够听懂，有的教师却云里雾里，只能采取“毛估”的态度？为什么大部分教师听课的目的集中于如何上好某一节课，而无法集中于教学的一般原理？……其中的一个主要原因是，听课教师过多关注于听课的形式，而较少关注听课的思想、方法和态度。在听课笔记中，我们发现一个规律，凡是听课方式多样、观察细致的教师，反思也相对深刻。因此，关注听课的方式和内容，是提高听课效率的第一步。有时候，我们太过于着急提出自己的判断，这样的听课不免带有自己的主观性；有时候，我们用自己习惯性的视角、语言、思维去记录课堂现象，难免被束缚于自己的思想窠臼；有时候，我们无法用联系比较的眼光进行观察，无法看到教学的本质；有时候，我们无法沟通理论和现象的关系，无法形成相对科学的意志。问题的根本，集中在我们还不真正会看课堂，上文中提出的七种听课笔记，其实就是七种看课的方式，有看得粗略的、有看得精细的、有带着联系的视角看的、有用绘画符号看的、有抓住核心问题看的、有集中一方面看的、有合作性观看的……观看的角度越多，我们所得到的观点也越多，当然越有利于我们进行思考和抉择。然而，观察的角度是无穷的，而我们的能力是有限的，无法集中所有的信息，而且当这些信息扑面而来的时候，更加需要我们去提炼、概括和运用。这就需要我们尊重客观现实，采取“悬置”的态度去观看。胡塞尔认为，“直接地看，不是感性的、经验的看，而是作为一种原初给予的意识的一般者，是一切合理论断的最终合法根源。”(《纯粹现象学通论》)需要我们用角色融合和角色替代的方法去观看。哈贝马斯提出“一个主体如果能够遵守一条规则——也就是说，遵守同一条规则——的话，这条规则就必须对于至少两个主体而言主体间地具有有效性。”因此，学会正确的观察方法，才是看懂课堂的前提。

第二，我们的听课有用吗？为什么只有40.2%的教师认为听课能够提高自己的上课能力？为什么听了很多的课，还是无法对自己的上课产生更多的帮助？为什么听课后的交流反馈，无法为对方所接受？为什么听课后得出的一些判断，无法应用于教学实践？……那是因为听课者过多关注于局部的合理性，而较少关注整体的合理性。例如，在工具合理性方面，能够通过听课活动完成研究任务吗？在认知的合理性方面能够形成正确、深刻、可行的知识吗？在行为合理性方面，能够塑造自己良好的教学行为吗？在交往合理性方面，能够秉承实事求是的原则吗？能够坚持自己的教育信念吗？能够坚守教育为“公”的思想吗？这些因素相互影响，相互作用，很难相信一个教师如果没有正确的价值观，会作出对课堂的合理解释。在以上图例中，我们能够发现，听课四个方面的合理性呈现高度的相关（一般为菱形）。因此，只有做到整体的合理性，才能提高听课的有效性。

第三，听课有什么意义？为什么面对同一节课，有的教师所知寥寥，而有经验的教师能够听到更多的意义呢？那是因为，如果听课过分集中于课堂时空，较少关注课外时空，仅仅停留于观看和记录，没有产生思索和遐想……为听课而听课，所得是有限的。如果我们把课堂放在心理认知的范畴，放在社会道德的影响，放在人类社会的交往，放在人与自然的共生等方面，会发现教育与之是“等量”的。因此，站在课堂的场域，跳出教学的视界，我们才能知道它正走向何方。

五、实践设计

1.课堂笔记应该注重表象性研究

（1）听课笔记需要拓展“听”的空间。我们需要还给“听”以更大的空间。听课不仅仅是言语交流的记录，不仅仅是陈述性表达的形式，不仅仅是单一角度的观察，应该建立多角度多形式的形象表达。

（2）需要提升对表象性研究的认识。表象性研究具有独立价值，应该和理论研究相互作用。听课者需要重视课堂中的表象资源：学生的表情代表了他们怎样的内心世界，学生的行为说明了它们怎样的感情变化，学生的话语产生了怎样的群体反应，学生发言后的表情是怎样的，学生带有怎样的情绪离开课堂……很多地方，我们还无法完全看懂学生，看懂课堂。因此，看懂形象是正确认知课堂的前提。

（3）需要建立表象性研究的范式。听课描述应该建立在正确思想认识的基础上，采用“悬置”的策略，运用形象化的书写符号，采用开放的理解方式，运用灵活多样的实践方式，形成更加合理实用的理性认识。既不是用抽象的理念去套用多样的实践，也不是用功利化的实践去否定正确的理念，而是两者形成开放的空间，进而形成灵活的互化。

2.课堂笔记需要提高教师的听课行为

(1)课堂听讲是整体行为的一环。听课笔记要促进听课教师的上课水平,需要和教师的上课行为相联系。需要改变只听不思,只听不评,只批判不建构,只记录不实践的形式,需要在看、听、记、思、想、评、做之间形成联系——听课是为了理解,反思是为了实践,评课是为了形成共识……这样才能提升听课教师的教学行为。因此,不妨在听课笔记中增加反思、重构等内容。

(2)课堂听讲串联起教学生活。听课笔记不应局限于听课范畴,而应拓展到教师的生活空间,从听课笔记中搜集写作素材,提炼课题内容,形成研究方向……不能起于听课,止于听课,应发挥它更大的功效。

(3)课堂笔记提升教师对教学的认知能力。课堂笔记要表达清楚教学的过程,形成对主要内容的记忆,掌握批判性思维的方式,运用想象能力对课堂教学进行重构……反观我们的听课笔记,能够体现出教师的认知过程吗?能够全面感知教学现象吗?能够用合适的语言进行记录吗?能够回忆上课的整个过程吗?反思能够体现高阶思维特点吗?……这不仅仅是关于教学的理解能力,其范围应该更大——是关乎对教学的认知能力。从这个视角上来看,我们某些听课笔记在语言表达上没有体现这些认知特点,因此,需要在语言表述上更加规范。

3.课堂笔记功夫在课外

(1)听课笔记是一次自我的修炼。蒋捷在《虞美人》中写道:“少年听雨歌楼上,红烛昏罗帐。壮年听雨客舟中,江阔云低,断雁叫西风。而今听雨僧庐下,鬓已星星也。悲欢离合总无情,一任阶前、点滴到天明。”听课也是如此,不同的阅历,不同的教学水平,自然能够听出不同的境界。一些能够上好课的教师,往往也能够听出课堂的别样意趣来。因此,如何规划自己的听课目标、听课能力,应该是教师职业规划的一个部分。

(2)听课过程是一次交往的过程。你的听课笔记不能罔顾事实,不能自说自话,不能空而无用,听课的效果需要在交流中、在实践中得到验证。因此,听课就是一次交往的过程,无论是实际的还是虚拟的,应该和课堂、自我、上课教师等相互验证，共同进步。因此，我们的活动需要拓展听课的时间和空间，将评课活动、磨课活动结合起来，才能提高听课水平。

(3)听课笔记就是教育观的浓缩。德国作家席勒曾经在《曼海姆的古代艺术珍品陈列室》一文中写道：“我就是这样不幸，我每时每刻都会想到与整体的内心幸福相关的教育机构，而多少伟大的事物在这面镜子中变得如此渺小……”诚然，教育是如此的巨大，是客观和心灵世界的反映。我们将世界沉浸入课堂，就能在课堂中发现世界。听课的过程就是验证我们教育观形成的过程，在听课的过程中我们如何从特殊看到普遍，从表象看到意志，从一瞬看到永远，从课堂看到人生，从教学看到教育……把不同群体的意志引入到听课中来，用不同的观点、不同的形式、不同的结论来听课，我们才能够凝练出共同的教育愿景，同时形成个人的教育意志。例如，某所学校以《适合的教育》为题，邀请专家、管理层、家长、一线教师来听评课，对适合的课堂做出了多元的解读，推动了学校的课堂变革。这样的听课过程，就是一种学校意志凝聚和提炼的过程。

第五部分

边际之行

边际，让我们做最适合的教育

看到一篇文章，遗憾不能全引，转述如下：

某教师的班级出现了教学事故：两个学生打架，教师批评了学生。其中一位学生家长因为教师批评“不公正”，到学校评理。教师感到很委屈，争辩了几句。结果家长上告学校领导，领导找该教师谈话，引发了矛盾升级。

文章作者授以妙方：教师可以这样对学生说：“你们都是我的宝贝，你们打架，我晚上睡不着，明天就不能上课了。这样，你们握个手，拥抱一下，我拍个照。好了！万事大吉。”

看到这里，我认为这个办法能够保护教师。学生家长如果来找碴，教师可以举出证据（照片），“你看，他们都和好了！”再说，七八岁的孩子，打过就忘记了，如果不是矛盾升级，一般不会耿耿于怀。

但是，我还是感觉这样的教育方式有些“苟且”。第一，不利于学生提高认识。学生会想：“看在教师的面子上，我就不追究了。”这是一种“外归因”，认为事情是由于外部原因造成的。受到表扬（或批评），不是由于自己认识到了原因所在，而是因为第三方的原因。第二，不利于班级管理的“长治久安”。如果有些学生认为，即使闯了祸，教师也会打马虎眼，甚至“隐性讨饶”，反而得不偿失。而且，称当年七八岁的学生为“宝贝”，会降低他们的自我认同感。

这样的教育方式并非偶然，在我们的生活中，的确存在着很多这类“苟且”的现象。例如，在班级中遇到某些“小捣蛋”，教师就采取了各种贿赂方式，“求”得学生不要闯祸。遇到班级中的一些“偷窃”现象，教师为了息事宁人，自己掏出钱来赔偿，反而说是偷窃者主动上交的。学生学习成绩不理想，不想学习。教师苦口婆心没有见效，只能采取“免做”的奖励方式。某些学校为了片面追求教学质量，规定某些学生可以不上“副科”，加强主学科的辅导。某些学校一味迎合学生的虚荣心，建议作业批改不用红笔打叉，理由是担心学生的心理难以承受。有些教师听到一些学生污言秽语，也不敢加以制止，只能装聋作哑……在教育中，教师的这种隐忍，只会造成教育的“苟且”，进而产生教育的“崩塌”。

这种“崩塌”开始可能是微小的，但是结果可能是巨大而且迅猛的。它可能是人际关系的“崩塌”，不是常常听到一些学生背后叫教师为“老大”，以示亲昵吗？它也可能是教育方式的“崩塌”，某地不是针对学生难以管教的现象，出台了可以适当惩罚学生的文件吗？它也可能是学习方式的“崩塌”，常常听到一些学校领导反馈，学生的常规都没有抓好，就急于尝试一些新颖的教学方法，学生难以获得真才实学。它也可能造成学校管理的“崩塌”，正是学校对违规学生的隐忍，导致了某些学校“霸凌”事件不断……

记得一位心理学教授曾经举过一个例子。一次，某位同学向教师报告自己的钱被“偷”了，教师经过调查发现“嫌疑人”有两位同学。一位说，反正钱不是他拿的；另一位也一口咬定，自己没有偷钱。教师感到很为难，又不能搜查学生书包，索性自己拿出钱来，这也是对偷钱人的宽容。可是，这位心理咨询师却坚持要一抓到底，理由是，既然这位学生胆敢偷钱，一定要让他产生畏惧的心理，这也是对这个孩子的最大保护。于是，在经过多次单独谈话后，终于案情大白。肇事者向全班同学道歉。在以后的班级管理中再也没有出现这类事件。我为这位心理咨询师的“辣手”叫好。

《大学》中写道，“子曰：‘听讼，吾犹人也，必也使无讼乎！’无情者不得尽其辞。大畏民志，此谓知本。”班级管理也是如此，解决班级纠纷不是和稀泥，而是让学生知道畏惧和赞赏，这才是根本！

写到这里，忽然有两个故事在我头脑中打架。一个是不应“苟且”的故事，曾子的妻子为了哄孩子，允诺杀猪给孩子吃。曾子听到后，不认为这是一句“戏言”，毅然杀猪而烹之，以此来说明教育孩子不以一言而为轻。另一个故事来自《收获》，讲的是一个富家子弟的孩子，依靠手中的零食，欺负穷人家的孩子。结果教师看不惯，惩罚了富家子弟的孩子。家长也参与了争端，造成了矛盾的升级。故事结尾是，富家子弟家庭破散，临别和穷家子弟和好。看到这里，我想，是否是教师和家长太把孩子的争执当回事情，结果造成了无法弥补的伤害。

教育是应该“苟且”，还是不应该“苟且”，这是个两难的问题。需要运用教育的智慧来处理。

第一，从本质问题入手，判断是否应该苟且。俗话说得好，教育无小事，事事皆育人。其中的“小”，不是指事件本身的大小，而是指事件是否是“本质”事件。如果它是一颗关键的“螺丝钉”，那么当然一颗都不能少。如果只是一片浮光掠影，那么不必看成是洪水猛兽。是否“本质”，关键是看它是否是学生性格的必然隐患，是否会对学生的成长造成负面影响。有一句话说得好，“从小看大”。根据心理学研究，童年期是人格形成的重要时期，有时候一件“小事”能够对学生的成长造成无法弥补的损害。我们常常可以看到，某些成人的性格缺陷，是因为在幼年时家长的一句错话，教师的一个错误行为所造成的。因此在上文中，如果学生是因为无法克制自己的私欲，抑或是对他人的不尊重所造成的偷窃行为，那么，哪怕东西再小，也是一个比较严重的事件。教师在处理这类问题时，一定要分析清楚事件的来龙去脉，抓住学生的心理原因，从源头上加以杜绝，保证此类问题不会蔓延。当然，如果仅仅是学生因为无意的冲突，一时冲动而造成的打架事件。教师可以大事化小，适度“苟且”。当然，如果教师能够教育学生不妨“大度”一些，对于容忍的学生能够大力表扬，对于先动手的学生加大一些批评的力度，这样能够防止这类事件的“前赴后继”，大大减轻教师的工作压力。这样的处理方式会更加明智。

第二，从事件的轻重缓急入手，判断是否应该苟且。对于低年级学生的教育，如果言必躬亲，事必亲为，那么纵然教师拥有三头六臂，也是忙不过来的。我的诀窍是，抓住最严重的问题，彻底解决之后才告结束。例如，我曾接手的一个班级，学生纪律很成问题，往往上课铃响了很久也无法安静下来。有时你批评了这个同学，那个同学又在讲话了，教师的管理像“按下葫芦起了瓢——顾了这头，顾不了那头”。于是，我抓住最后停下来的同学（如果这时有其他同学违反纪律，那么，这位同学就变成了最后一位同学)，盯着他看一分钟(有时候，教师电闪雷鸣的批评比不上隐忍不发的"关注")，然后说："既然你这么急于发言，那么请你先讲，讲够一分钟为止。"在全体同学目光的注意下，教师虽然没有进一步批评，但是学生能够发现这段时间很难熬。最后教师才进行说理，"因为课堂中只能有一个声音，这样才能听清。如果你要发言，可以举手。"……经过这样的反复几次训练，再"皮"的学生也能安静下来。在这里，最后停下讲话的同学有些"倒霉"，而对能够马上安静的学生就有些"幸运"了。从事件的轻重缓急入手，要抓住三个原则。一是"终极性原则"，要能够保持管理的长治久安；二是"最难受"原则，这里的最难受不是体罚，而是心理的"震撼"；三是"完成"原则。一定要等班级彻底安静，事件彻底完成，才告一段落。

第三，从学生的角度入手，判断是否应该苟且。判断教育是否应该苟且，很关键的一点是要站在学生的角度上来思考问题。例如，有一次我在班级进行纪律巡视，一位同学说"DIAO 师好"，其他同学都发出了哄笑声。这时我意识到，千万不能让学生有一种得意扬扬的"荣誉感"。于是我盯住他一分钟，看得他脸色有些发红。然后说："你能大声地向全班同学再说一遍吗?"这时，其他同学都哄笑起来。当然，这次哄笑声中百分之百的包含着嘲弄这位同学的因素了。这名高年级的学生当然意识到了问题所在，讪讪地笑了起来。我说："可见这不是一个好词，下不为例吧!"学生逃窜而去。这件事的处理上，我并没有用辱骂教师的"标准"去批评这位学生。因为从学生的角度上来看，纯粹是因为好玩而已。而且，高年级的学生可能不怕批评，更怕"出洋相"，所以我的批评绝对是"严厉"的。他们更加看重在他人(或是异性)眼中的自我形象，所以我点醒了这位同学的评价观，他是再也不敢在大庭广众之下说脏话了。事实上，每个人的评价标准都是不同的，有时候教师应该站在学生的角度来思考问题。有时候在教师眼中的"打架"，在学生眼中仅仅是闹着玩。低年级学生满地打滚并不可怕，到高年级你要他们这么做都不可能……学生有他们的价值观，有他们的心理发展规律，如果教师不加以甄别，很可能是好心办坏事，两头不讨好。

当然，这三个角度需要综合起来考虑，例如，在所引的第一个案例中，教师就要让学生学会宽容，学做懂礼貌的学生，较少关注打架事件本身，让学生能够和好如初，防止家长的盲目参与。

因此，教育该“苟且”时不妨“苟且”，但是，即使是“苟且”，说到底也是不“苟且”的。也许，这就是教育的智慧所在吧！

边际之语：教育中有些话“不必说”

青岛市政府于2016年12月发布《青岛市中小学管理办法》(以下简称《办法》)，提出“中小学校对影响教育教学秩序的学生，应当进行批评教育或者适当惩戒”。据了解，这是全国或地方教育性法规中首次使用“惩戒”这一概念。

据报道，当地某些教师认为，“惩戒”规定尚不明确，难以具体实施。我想接下来的工作可以参照“教师不得体罚学生”这一条规定的逻辑发展顺序展开想象——首先是体罚定义，变相体罚的内涵拓展，然后是具体规定(教师有多少条不准)，接着是外延扩散(几乎扩展到所有领域，例如，学生站立不得超过5分钟，不能用红笔在学生作业本上打叉，不能在成绩报告单上写非激励性的语言)，再接下来是教师不敢批评学生了。我想这可能就是青岛出台《办法》的背景了。

如果我们的想象力再丰富一点，那么是否会出现这样的现象：教师“惩戒”学生成为一种普遍，或者出现变本加厉的现象。之前的师生相对强者一方被压制的状态出现反弹，甚至矛盾的对立会变得更加尖锐。“惩戒”被作为一种合法方式，作为“目标”进行运用。而不再去探究惩戒背后意义所在，从“培养人”的目标去发现教育的意义……

有教师在微信中介绍了一种“惩戒”的方式，他引用了韩国的一部影片，说的是一位调皮的小和尚，用绳子束缚住了小鱼、小鸟和蛇。老和尚看在眼里，就在小和尚睡觉的时候，把一块石头绑在了小和尚背上。小和尚感到很难受，这时老和尚说：“小鱼、小鸟和蛇也很难受。”于是，小和尚去给这些动物松绑，当他发现小鱼死了的时候，内心受到了强烈的冲击，情不自禁地哭了……

然而，在现实的学校生活中，会比上述这种情况隐蔽得多、复杂得多、琐碎得多……例如，一个学生早晨到校见到值班教师，撇了撇嘴，歪着头就进了校门。而看到旁边问好的同学，还眼皮垂下，斜了一眼，歪着嘴角笑了一下……这时，我想问那位微信中的教师“你该怎么办”。是教师跑上前去，毕恭毕敬地说“同学早上好！”，用“山不过来，我过去”的姿态，唤醒学生的自知力，还是让教师漠视这种状态，学生没有问好，教师也有权利不回应？还是拉过来，对他进行说教？……这种现象在教育生活中比比皆是，有些现象是属于难以言说的。很难用制度去“惩戒”，只能用智慧去演绎……

然而，在我们的教育中，这样的言说并不少。例如，有的学校强调学生在学校中见到教师一定要问好，结果有的学生在卫生间见到教师也大声问好，还有的学生就认为在校园外见到教师就不必问好。有的学校为了强调德育工作的重要性，就对学生每月的德育工作进行安排，什么爱国教育月、生命关怀教育月、安全教育月……似乎学生的道德发展就是按上述规律同步发展的。有的学校为强调教学目标的重要性，就规定教师在上课的时候必须出示教学目标，并且通过学生的听课笔记进行检查。有的学生反映不知道记些什么，只能照着教师的板书进行抄写。有的地区为了推广教育经验，规定教师只能在课堂上讲 11 分钟，其余的时间留给学生自主性学习，这让某些学科的教学难以推进，让教师感到束手缚脚……

而且，某些不当的言说会陷入自相矛盾的窘境。例如，20 世纪 50 年代美国流行“教育是科学”的观点，后来又认为“教育是艺术”，再后来认为“教育既是科学又是艺术”。这种非此即彼的“言说”，会成为教育的一道“魔障”，束缚教师的前进。这在我国的教育中也并不少见。例如，语文学科的“人文性”和“工具性”之争，艺术学科的“分科教学”和“综合教学”之辩。如果我们偏向于一方，远离中庸之道，往往会造成教育的僵化和呆板。

教育需要奖励，当然也会有惩戒。当你奖励了一个班上的十位同学，对于其他的同学就隐含着一种惩戒。如果你对所有的同学进行奖励，那么这种奖励只会造成学生对奖励的漠视。教育的惩戒是一种必然存在，有时不需要具体说明，或者不需要“说”，让师生去体会就是最好的方式。

某些书法、绘画理论曾言，“刻意求工，便落俗套。”在佛经中也有拈花不语的故事。米兰·昆德拉也曾说过，“人类一思考，上帝便微笑。”这并非玄言，教育中有些话也是不能说尽说透的。

那么，教育究竟应该如何不说而“说”呢？

一、非制度化言说

教育中有些话，理论家能说，实践家能说，艺术家能说，众人可以说，但是并不适合放到制度中。例如，“没有教不好的学生，只有不会教的老师。”这是一种理论化的表达，具有一定的合理性。但是有些学校把它作为制度，并且以此考核教师，把学生的问题让教师一个人来背，这是不合理的。如果以此激发教师的教育信念，提高教师的主动性还是具有一定价值的。例如，张艺谋拍摄的影片《一个都不能少》，这是一种教育的理念，既是最高的标准，也是教育的底线。试想在当时的特殊条件下，如果今天少了一个学生，明天就会少两个……用不了几天，这个乡村学校就会处于“奔溃”的边缘。然而在某些教育制度中，要求教师在课题研究中一个都不能少，在论文写作中一个都不能少，要求学生在成绩合格率上一个都不能少……就显得有些勉为其难。并非是所有的名言都适合作为制度，只有进行合理化的言说，才能确保制度的可行。美国出台过《不让一个学生掉队法案》，它在更多的方面是作为一种目标、一种核心理念出现，而并非简单地转化为某些考核条例和措施。教育中的言说，有不同的形式，有些言说方式可以通过故事、网络、沙龙等方式进行；可以用非正式的方式，补充正式性言说；或者用解释性言说，补充命令性言说。

二、核心化言说

教育中的有些话，需要适可而止，找到核心，而不能任由发展，巨细无遗。曾几何时，社会中出现了规则热。从多少条军规，到多少条婚规，当然也包含多少条班规。于是，从几条变成了几十条、上百条，这样的言说常常让人感到困惑，你说了那么多，孩子们能记住吗？能够做到吗？例如，某些学校推出的礼仪多少条，上课纪律多少条，家庭生活多少条……常常令学生看了感到头晕目眩，进而是茫然不知所措，再接着是对这种言说的漠然和拒绝。这样的言说还不如不说。其实教育中的某些话，可以抓住核心进行言说。例如，参加社会活动的礼仪教育，是让活动得以进行，让自己得到对方的认同。这样自然能够做到观看演出时不大声讲话，在演出结束时鼓掌感谢，而不必在演出的时候要提示这些规则，到吃饭的时候又要推行另一些规则。我在提示学生遵守课堂规则的时候，强调了一点——“让课堂进行下去”。这时学生就会进行自主选择。有些学生随便讲话，教师可以停下来，请他先讲，因为多人讲话会造成课堂听不清楚。学生要上厕所，可以选择合适的时机，自己静悄悄地走出教室……这些现象虽然细琐，但是背后却关系到学生的道德认识，所以抓住核心进行言说，能让学生记得牢、做得到。所以，无论是教师不能体罚学生，还是可以“惩罚”学生，都要说明其核心意义——让学生成为一个守纪律的学生。

三、非言语言说

有些教育往往不需要“说”。有时候，教师的做比说更加重要。我观察了上述这位不向教师问好的学生所在的学校，发现某些代课教师进校门也是不打招呼的，他们往往板着脸，扭着头，一副不情愿的样子。再了解到，这些代课教师在报酬上和公办教师是不同的，可能是他们心中有气，所以出现了这样的行为。当然也不排除，某些教师把冷着脸当成“酷”的错误观念。这时候，我不禁想到了某些学校的做法。在学校门口放上一面镜子，当教师走进校门的同时，会看到自己的脸，会发现是礼貌的笑脸更加美丽呢，还是板着面孔更加“酷”？在这所学校里，师生问好的现象非常普遍，他们看到了自己的面貌，这比任何的说教更加有效。俗话说得好，身教重于言教。有些专家经过调查，发现了学生课外阅读面狭窄的原因之一，是某些教师在一年里也没有看过多少本专业书籍，怎能要求学生进行广泛阅读呢？某些教师张口闭口都是网络语言，怎能规定学生作文要规范用语呢？记得晓庄师范学校的老校长，看到校园中的垃圾，都是弯下腰去捡拾的。人们问他：“为什么不用扫帚啊？”老校长说：“在校园中用扫帚多扫兴啊，捡起一片树叶、一张废纸，那才美。”老校长正是用自己的行为来说明，什么才是“行为美”，这难道不是一种智慧的言说吗？

四、课程性言说

有些教育的言说，不需要特定的背景，往往放到课程的教学中去，会取得更好的效果。有一次，我在教学中问学生：“你们到底是喜欢表扬，还是喜欢批评？”结果，小学高年级的学生齐刷刷地举手说：“喜欢表扬。”于是，我出示了林清玄的文章《最严厉的和最慈悲的》，让学生说说林清玄为什么感念这位“批评”的教师。一部分学生明白了，有时候批评也是教师的一种爱，如果教师只有慈悲，不能让所有学生都取得进步。“然而，这种爱有时候是不能被发现的，智慧如林清玄者，也要通过几十年的领悟。今天，你们领悟到了吗？”待我说完，学生们都低下了头，若有所思。记得在小时候学过一些课文中含有很多“元教育”的理念，例如，《一把雨伞》《我的老师》，等等。在一些课文中也包含着很多的德育思想。但是有些专家认为，某些课文说教太重，把语文课上成了德育课，等等，因此对课程德育化拒之千里。我认为，把课文上成“考试”课也不对，把有些教育的言说，放到课程中去，联系学生的具体问题，往往会取得更好的言说。

教育的言说是需要智慧的，从不说、不多说、众人说、结合说这几个方面入手，能够起到不说而“说”的功效。

边际之美:让孩子学会欣赏抽象画

“都不知道抽象画家画的是什么,怎么欣赏?”

“高年级学生都不喜欢抽象画,他们会愿意欣赏吗?”

“抽象画家从不揭秘他们的作品画的是什么,我们能够欣赏吗?”

从吴冠中到赵无极再到朱德群,学生常说这些国际艺术大师的作品都太“抽象”,看不懂。当抽象绘画已经在西方流行近一个世纪后,我们还在质疑“抽象画需要教,能够教,能教好吗”这些问题。

从人美版小学美术五年级上册《认识抽象画》这一课的教学中,我有了肯定的答案,也有了如下的策略。

一、不抽象的抽象

抽象画从何而来?从具体的形象中来。抽象画没有形象吗?不,它具有点线面色等绘画形象元素,这是我们理解抽象画的路径。

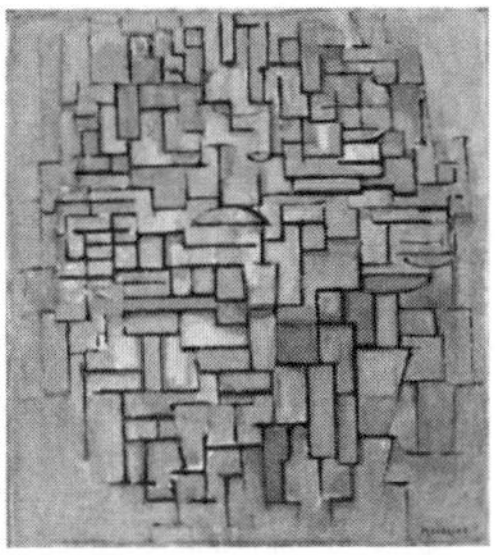

图 5-1　蒙德里安作品(1)

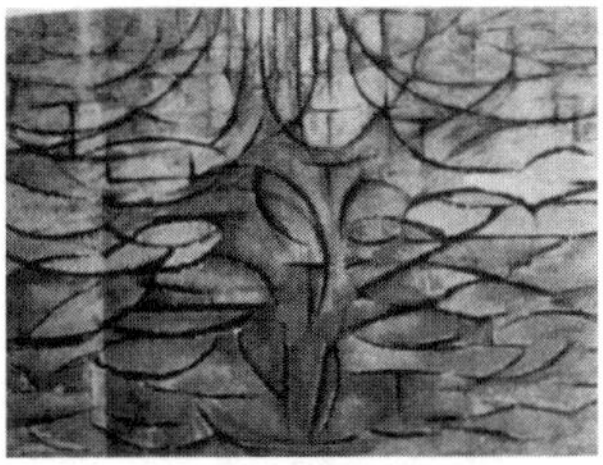

图 5-2　蒙德里安作品(2)

图 5-3　蒙德里安作品(3)

图 5-4　蒙德里安作品(4)

师:(出示图5-1、图5-2和图5-3)你们能猜出作者画的是什么吗?

生:迷宫、墙、砖块……(教师否定)

师:它们是根据某幅画变化而来的,你能猜出画中画的是什么吗?

生:士兵、渔网……(教师否定)

(教师出示图5-4蒙德里安的写实作品《树》,学生感到很惊讶)

师:你们能猜一猜,作者为什么把树画成这个样子吗?

生:可能作者要画出树的茂密。可能要表现出树枝交错的样子……

师:你们猜到了大师的心里去了,蒙德里安曾经说过,他要表现事物内在的本质,所以抽取了树木外形的点线面色进行组合,画成了这样的作品。这样的画就叫作抽象画。(揭示课题:认识抽象画)

师:(出示几幅抽象画作品)抽象画有什么共同点?

生:抽象画中我们看不到具体的形象。

生:抽象画虽然看不清画的是什么,但是感觉很美。

生:抽象画是为了表达画家的内心感受。

师:你们能用自己的话,说一说什么叫抽象画吗?

生:抽象画就是用不像的形状,但是按照美的的方式组合,表达画家感受的作品。

师:你们的答案和标准答案很相近了。抽象画就是抽取具体形象中的点线面色等基本元素,表现作者内在感受的绘画形式。(教师板书:点线面色、内在感受)

抽象画有源头,具象世界为它注入了源源不断的灵感。抽象画可以感受,画面中的点线面色就是作者和读者交流的媒介。因此,从画的题目入手,从绘画元素入手,我们能够发现其中的联系。这位小作者就找到了:

我喜欢《有红黄蓝黑的构图》这幅画。从它的题目中可以看出这幅画是由红黄蓝黑这四种颜色所组成的。这幅画的作者是蒙德里安,他是一个荷兰人。这幅画就像一台跳舞机下的方块一样,红色的方块就像一个太阳。

整幅画给人一种温暖的感觉，并且充满了神秘感，也许抽象画就是这样的。

——吴诚恩

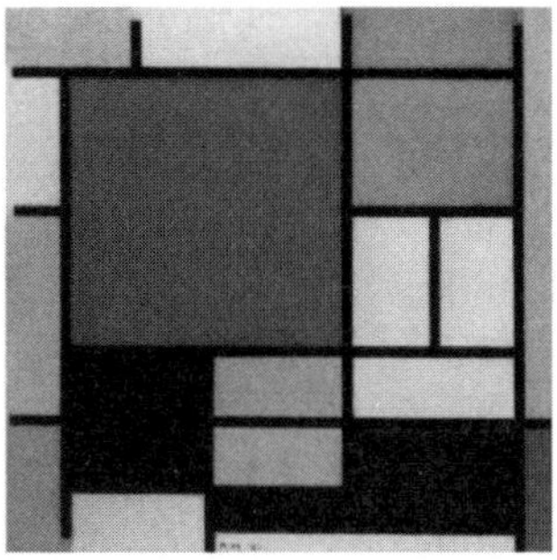

图 5-5 《有红黄蓝黑的构图》

二、看不到的看到

有这样一个故事，抽象画家波洛克在一次展览会中，听到一个小孩指着画面说："这是一只小鸟。"波洛克马上拿出画笔修改起来。完成后抬起头来问小孩："现在还像小鸟吗？"小孩摇了摇头。

我想画家肯定要让观众看到的不仅仅是一只小鸟，如果形象太过具体，反而会影响观众对画面整体的了解，会局限他们的思维。对于抽象画的欣赏也是一样，有时我们忽略了具体的形象，反而能够看清作品的主旨。

师：（出示米罗的《坐着的女人一号》）你们对这幅画有什么感受？请用一两个词概括。

生 1：温暖。

生 2：很奇怪。

有部分同学很茫然，表示不知道。我让学生随便说。

生：那中间的黑色很像一个钟摆。

师：你看出了画面有点对称，但是又很活泼，真不简单，其实你已经看到了。

生：这很像一幅儿童画。

图 5-6 《坐着的女人第一号》

师：你真不简单，米罗曾经说过，他要像儿童一样作画。你有一双智慧的眼睛。

……

在欣赏抽象画的过程中，学生往往会表示自己看不到什么？其实，学生不是看不到，而是看到了比较模糊的内容，他们还不能肯定对还是不对。其实，这种隐约的印象表明，他们已经看到了，因为这是超越具体形象的观察，和抽象画家的初衷是一致的。这就是审美直观。教师需要做的就是让他们说出来，说出的就是合理，就是对画面思想的直达。请看这位同学的评论：

这幅画表现了一个身体线条优美的、身着黑色衣服的神秘女人坐在椅子上。黑色衣服和黄色背景的对比十分强烈，体现出了一个泼辣的女人的形象，玲珑的身体显得她更加迷人，美丽无比。

紫色的椅子，交错的红色圆点，点缀着整幅图神秘的元素。黑色的身，黑色的地，黑色的……神秘的她，端庄而不失俏皮；椅上的图，美丽不失神秘。椅子随意地画好，被黑色淹没……

——任佳怡

三、不知道的知道

抽象画的作者就像一位魔术师，他的本意就是要脱离具体世界，就不可能让读者找到准确的答案，否则，人们就会发出这样的感叹，“原来就是这么简单!”因此，欣赏抽象画的时候我们不需要去追寻“这是什么?”或者正如美国画家Stella所说的那样，“你看到的是什么就是什么。”才是我们应该采取的方法。这颠覆了我们以前的审美方法和标准。

师：(出示米罗的作品《坐着的女人第一号》)看到这幅作品，你有什么疑惑?

生1：为什么紫色的方块上长了一个“角”。

师：这我不知道，作者没有说。(同学们笑)

生1：作品下面的是眼睛吗?

师：我也不知道，你说呢?

生1：我觉得像眼睛，挺恐怖的。

生2：中间的黑色多么像一个人的两撇小胡子啊！它是胡子吗?

师：我们再仔细看，两头有五个小手指，你认为是什么啊?

生 1:是手。

生 2:是脚。

生 3:作品右边的黑色方块是什么,方块右边的圆形又是什么?上边的三角形是什么?

师:我们不妨想一想,你觉得像什么?

生 1:好像是窗户,太阳从窗户中穿过。

生 2:好像是一个女人手里拿着一台摄像机。

画面画的是什么?这已经成为一个谜,它构成了艺术作品的一部分,让作品更加富有魅力。既然不知道,不妨让我们换个欣赏角度。把问题“这是什么?”变成“这像什么?”我们会有更多的发现,这时候我们就会发现,这个部分像什么,就会影响到那个部分像什么,整体像什么。最终构成了我们的审美意象。这个审美意象是作者给我们的,也是我们自己内心的反应。我们虽然可能并不知道作者的意图,但是这种不知道反而能够打开我们的想象大门,我们知道了自己的感受,这就是抽象绘画中不知道的知道,它是多么有趣!

我已经看不出这是什么,但看了题目(《光之间,第 559 号》)后,我就看到了一列(火)车开过,两间车厢一间亮、一间暗。暗车厢里面的人正看着这明亮的太阳,十分向往,连鸟儿、树木都在叹息。而亮车厢的东西十分乱。我十分喜欢这幅画。

——钮婧琦

图 5-7 《光之间,第 559 号》

四、不合理的合理

抽象画欣赏不是天马行空的猜测,所写的评论必须有理有据。但是由于抽象画的线索犹如草蛇灰线,所以常常难以真正把握作者的意图,有时我们必须旁敲侧击,有时必须探赜索隐,才能让读者觉得合情合理,这也是判断学生抽象画审美能力的标准。

师：（出示米罗的《坐着的女人一号》和学生的涂鸦作品）有同学说，米罗的画像儿童画，那么它们之间有什么不同吗？

生：儿童画是没有规律的，而米罗的作品显得很整洁。

生：米罗画得很美，涂色均匀而且很有条理，而儿童画就是在乱画。

师：对啊！这就是大师和儿童的不同。有的同学问，画中一条直线上画了两个原点，这是什么？老师找了米罗的其他作品，你能有所发现吗？

生：我知道了，这是米罗夫人的手。

对于抽象画的欣赏需要我们具有一定的分析能力，不仅仅要看可以看得到的画面，还要分析其他的因素，作者的同类作品，曾经说过的话，画的题目，都能对我们理解这幅作品提供一定的证据。抽象画的表现虽然呈现出一定的不合理性（脱离了我们的现实生活），但是它的表达有自己的逻辑，有一定的合理性。我们的欣赏需要体现不合理的合理。

图 5-8　罗德琴科画

这位来自俄国的画家——罗德琴科的画，让我感觉有些好奇。我觉得这幅画是由三角形、圆形、正方形等形状重叠在一起。我想，这位画家在画这幅画时，应该是边生气边画的，因为这幅画下笔很浓，每个图形的外框都很粗，所以我觉得罗德琴科在画这幅画时，应该在生气。这位画家在画画时，一定在想其他的东西，因为画上还有其他的物品。这幅画是由红、黄、黑、橙色等组成的，我觉得这位画家画的画是美的，因为这画的底色——黑色上还有一些橙色的“雪花”，把这幅画衬托得金光闪闪。形状上还有紫色的“花瓣”。这幅画就被“雪花”和“花瓣”衬托得很美。

——施怡

由此可见，学生是能够欣赏好抽象画的，教师需要做的就是用辩证的策略，让学生打开他们自己的“视界”！

边际之礼：德育礼多人不“怪”吗

一日早晨，我在校门口值班，听到某班的上课仪式——“上课”“起立”“同学们好”“老师好”“请坐”“谢谢老师”。这时，旁边的一位家长忽然开口，“真会演戏啊！”我仔细一想，还真存在着这样的现象。“谢谢老师！”——难道学生落座是老师的恩赐吗？课堂中存在学生不能落座的规则吗？如果没有，那么“谢谢老师”一说就成了摆设。也许有人会说，我国古代不是有长者赐座晚辈答以“告坐”的礼仪吗？是的。但是在当今强调师生平等的课堂中，似乎并不合适。还有人会说，这是一种仪式罢了，何必当真。的确，但是如果仪式成了繁文缛节，岂不有表里不一之嫌。孔子说的“礼，与其奢也，宁俭。丧，与其易也，宁戚。”就是礼的根本在于简便易行，适合人的本性。师生之间的问候当然必不可少，但是言不由衷，必然显得虚伪。再听一听学生随意的语调，回顾学生在生活中遇到老师并不问候的现状。这难道不是“做戏”吗？

某日中午，一名高年级学生哭着找校长询问：“中午用餐是不是一定要把饭吃完？”问及原因，是因为学校出台了用餐礼仪，学生用餐一定要做到“光盘”，否则就要“扣分”。这位学生反映自己实在吃不下了，但是管理人员仍以礼仪规则为理由加以“扣分”。这名学生想不通，觉得这样的制度不合理。的确，将心比心，如果把“光盘”的倡议固化为一些不近人情的细则，并且没有回旋的余地，这样的礼仪反而会引起他人的反感。

前不久，微信上流传一个引起广泛争论的话题，教师该不该主动向学生问好？有的学校对教师做出了这样的规定：“学生不过来，教师要主动过去。”要求教师见到学生要主动问好，要弯腰鞠躬，要为学生家长开车门……以唤醒学生的礼仪意识。这样的措施一经出台就出现了质疑声，“师道尊严”还存在吗？“长幼有序”还有必要吗？过多的礼仪一定能够唤醒学生的道德意识吗？这的确是一个问题。

由此，我想到近来学校德育工作的趋向，确实存在着“礼”多的现象。例如，很多学校推出《三字经》韵律操，将儒家礼仪融入学生的体操，然而在强调了礼仪的同时，能否起到全面锻炼学生身体的作用，还值得商榷。例如，有的学校过度演绎礼仪，出台了行走、如厕、路队、就餐等礼仪，把礼仪要求遍布于视觉空间，如此多的要求让学生应接不暇、顾此失彼。有的教师过分细化了礼仪的程序，例如，行走要“直角转弯踩准点”，路队要对准“点线角不能差”，就餐要“军事化”，文具应该摆放在什么角度……把学生训练成了一个个“木头人”。有的班级将德育工作转交给家长，例如，“家庭图书馆评比”“我陪孩子过周末”“我给妈妈洗脚”……让家长感到不厌其烦。还有的教师在推行礼仪的时候没有联系学生年龄、民族的特点，“给每个孩子一次拥抱”“让我们一起手拉手”“ 大声说出我爱你”……就让高年级的学生感到有些尴尬。还有些德育活动显得并不合理，例如，“我给老师加加油”活动，要求学生做个守纪律的孩子，以便让教师在年度评比中获得好成绩。这样的活动显露出某些隐含意味：学生守纪律是为了教师！这显然具有一定的“副作用”。

我认为，礼仪并不是越多越好，特别是当有些礼仪违背人性，缺乏理性；不顾习俗，脱离传统；不明轻重，不分美丑时尤其如此。莎士比亚曾经说过，“如果有真实的友谊，这些虚伪的形式就该一律摈弃。”有时我们也可以说，真实的德育，需要摒除烦琐而无用的礼仪。因此，礼仪教育应该注意以下几种运用策略：

一、礼仪教育应该“以一化万”，利于运用

清代著名画家石涛提出了“一画论”，认为“一画”是中国画的根本，他写道，“太古无法，太樸不散，太樸一散而法立矣，法于何立，立于一画。”并认为一画能够演绎为万千笔墨，“此一画收尽鸿蒙之外，即亿万万笔墨，未有不始于此而终于此，惟听人之握取之耳。”这不仅适用于绘画，而且对学校德育活

动也具有一定的启发。从一名懵懂学童成长为社会公民，需要掌握无数的礼仪。如果不明白礼仪的根本，很容易为礼仪所约束，为礼仪而礼仪，而迷失其中，徒具其形式耳。所以首先要让学生明白礼仪为什么而存在，然后在此基础上逐渐走向完善。那么，礼仪的根本何在？孔子曾经说过，“孝悌也者，其为仁之本与？”说明了礼仪的根本在于修生养德。我们的教育，应该抓住这个根本。例如，良好的坐姿是为了能够保证我们专心听讲，恰当的文具摆放是为了保证课堂行为顺利进行，恰到好处的学生插话是让灵感的火花智慧的语言随时绽放，静静的倾听是为了表示对他人的尊重……学生发现，这逐渐增多的礼仪都是围绕着“让课堂能够进行”“能够更好进行”的标准进行下去。所以，礼仪教育也需要抓住根本，从一点进入。否则，眉毛胡子一把抓，很容易造成“剪不断、理还乱”的尴尬局面。君不见，我们某些学校的课堂常规，一年级在抓这些内容，六年级还在抓这些内容，以致造成“年年抓但是抓不好”的现象。

二、礼仪教育要走从“多”到“少”的过程，形成良好的习惯

爱因斯坦曾经说过，“忘掉了在学校学到的所有东西，剩下的就是教育”。说明“忘记”是一个内化、扬弃和转化的过程，是学校教育的重要功能。叶圣陶也说，“教是为了不需要教”。这在德育中也是如此，也会经历一个从外部实施到内在自觉，从学校教化到内心遵从，从固定仪式到自由尊崇，从“洒扫应对”到万变不离其宗……必然要经历这样一个从“多”到“少”的过程。叶圣陶曾经在《两种习惯养成不得》一文中写道，“一种是不养成什么习惯的习惯”，所谓“习惯的习惯”就是指好习惯“在没有养成的时候，多少需要一些强制功夫，自己随时警觉”。如果时时关注这习惯的习惯，需要实施强制和警觉，那么，这种习惯也很难成为真正的习惯。在礼仪教育中，很多学校为了让孩子养成良好的习惯，采用了很多的局外功夫。例如，在一些低年级的课堂中，教师为了强调学生的纪律意识，就采用了这样的“连锁”行动，教师拍拍手，学生马上回应，“坐坐好！”连续几遍，学生果然安静了下来。但

是如果这种习惯的习惯不加以消除，等到高年级还在如此运用，那么，就意味着学生良好的习惯并没有养成。这就需要教师及时给礼仪教育“断奶”。例如，低年级的学生我们可以给予物质奖励，高年级的孩子我们就需要提高他们的理解能力，让他们认识到礼仪对于人格、行为、性情、形体等的多元影响，给予他们素质带来的切实提高。这样，虽然表现在他们身上礼仪的点缀变少了，但是能够动之以情，发之于行，将礼仪真正转化为自己的好习惯。

三、礼仪教育需要促成天理和人欲的统一

《左传》写道，“礼，天之经也，人之行也。”王阳明辨证地论述了天理和人欲的关系，提出了“天理即人欲”的观点。苏霍姆林斯基也曾经说过，“我认为教育者的首要使命，在于帮助自己的学生赞赏道德美并被这种美所鼓舞，使他坚定地相信，美和真理总是会胜利的。”这对于礼仪教育也是如此。它必须是关于“人”的教育，具有人性化的特点——这才是它的“真相”。然而在对于学生的教育中，让他们看到礼仪最终能够战胜权力、功利、私欲等等是困难的。这和我们的礼仪教育往往和功利联系得太过于紧密而让学生迷失了“真相”有关。某些学校的礼仪教育借助于三好学生评比、物质奖励、参加游戏、免做作业等方式进行，以致于某些学生把过程当作了结果，出现了买椟还珠的现象。有的学生出现了家中是霸王、校中是君子的“两面”现象。有的学生崇尚学校有一套、社会另一套的做事原则。还有的学生认为礼仪是约束人的桎梏，无礼是解放人的乐园，从而对礼仪避退三舍。在这里，教师没有让学生看到礼仪教育的“力量”：朴实最终能够战胜机巧，真诚必然会击败虚伪，善良肯定会淘汰险恶，谦虚必然优于骄傲……我在一些课堂礼仪中也进行着这样的“结合”。学生上厕所可以自己悄悄离开教室，不必经过老师的批准，因为这是解决个人的生理问题，是自己的隐私。如果有学生胆敢借机出去溜达一会儿，那么说明你还不能做到自主，而且违反了上课的纪律，以后上厕所就需要向教师汇报。这样的仪式结合了天理（课堂集体之礼），又兼顾了私欲（学生的隐私），当然受到了学生的欢迎。其实，在我们生

活中并不缺少两者脱离的现象。我曾经听到过这样一件事，一位学生害怕在上课时间上厕所，造成了排便不规律，以致于在初中患上了结肠病变的疾病，影响了他的学习和生活。这让教师非常后悔，他感受到，课堂纪律（天理）不能压抑儿童人性（人欲），两者和谐统一才是最好的方式。

学校德育并非礼多人不怪，也并非无为而治，多和少之间需要张弛有度，互为表里，艺术运用，才能真正地发挥作用。

边际管理:学校谨防过度管理

某学校为了响应当地教育局号召,实施课间操改革,要求全校学生在操场跳“国标舞”。在录像上只见男生燕尾频摆,女生裙裾翩翩,轻歌曼舞间观者恍如走进了欧洲宫廷,绅士淑女们载歌载舞,果然气势非凡,场面感人。但是,拍摄的镜头只停留在某几个学生身上,其他的场面只是闪现一两个长远镜头而已。不是每个学生都喜欢跳,并适宜跳这种舞的,再说它能否取代原有广播操的功能也两说,学校这种管理显然过度了。

我在一些学校参观和学习中,发现这种“过度”的现象有攀升的趋势。在校园环境布置中,宣传口号铺天盖地:走廊上镌刻着校训,廊柱上张贴着办学思想,窗户印上了学校的办学特色,甚至连楼梯台阶上也写上了礼貌用语。这样的布置既不美观,又不利学生理解认同,这明显是“宣传过度”了。

在班级工作中,我也听到过家长这样的抱怨。一位家长举着手机说:“看,学校又‘出花头’了,要求家长写一段六百字以上介绍孩子成长经历的文字,并选择具有纪念意义的六张图片,还要制成网页的格式,以为我们很空啊!”还有些班级会把管理学生的学习工作转嫁给家长,让家长督促、签名、辅导……还美其名曰“＊转课堂”“和孩子共同学习”。这明显是班级工作管理过度了。

在家长学校建设中,某校为了营造一个良好的家庭学习环境,推出评选“共同阅读好家庭”的活动。条件是必须拥有300本以上书籍,每月能够购买新书,每天有共同阅读的时间,并且长期做好读书笔记……有些家长感到吃不消,自己的业余时间被“绑架”了。的确,学校的初衷是好的,但是评比的方法有点过分了,管理的范围有点越界了,这明显是一种过度管理。

在课程建设中,某校为了促进学生的学习能力,提出“为每个学生开发课程”的口号。认为学生需要掌握正确的世界观,于是设计了“哲学课程”;

现代学生的心理问题日益严重,“心理健康教育课程”必不可少;学生需要面对大量的学习任务,“综合思维训练课程”有助于学生掌握学习方法;学会交往是现代教育不可缺少的内容,于是又开发了“礼仪课程”……因此,有的学校拥有了50门、100门,甚至更多的校本课程。课程的多少似乎成为衡量一所学校办学水平高低的标准。但是,由此带来的是,学生的书包越来越重了,学习压力也越来越大了。其实,开发校本课程没有错,但是要适度适量,否则就会出现过度现象。

在教学思想创新中,某所学校创造了“先学后教”的方式,学生先自学,教师后教授,取得了良好的效果。然而,有的学校认为改革的力度可以更大一点,要求全校教师在课堂上只讲5分钟,留35分钟时间让学生学习。不久后,一所学校有了更加大胆的尝试,认为教师只要在教室外巡视就可以了,学生完全可以在课堂内自主学习。这样的举措一经推广就受到了大家的质疑,如果没有教师的教,课堂教学还完整吗?这明显是创新过度了。

那么,怎样的管理是过度的呢?判断管理是否过度的标准,是看学校的管理对象是否越界了,把家长当成学生一样管理了;是看管理的时间是否超过了国家规定标准,把午休、节假日等等都当成上班时间一样管理了;是看管理的标准是否超过了合理的界限,让学生产生了学习的疲劳,让教师产生了教育的厌倦;是看管理的程度是否有了“泛化”,把适合部分师生的运用到了全体成员;是看管理的方法是否契合对象,让对方能够接受并且乐于奉行……

那么,管理过度现象为何会层出不穷呢?这是由于部分教育管理者急功近利的思想在作怪。某些教育管理人员为了推出教育成果,急于做高速度和规模化处理。一时之间,教育理论风起云涌,教学热点此起彼伏,课堂几度翻转,教育成果出现了“大跃进”……君不见名不见经传的在职教师都搞起了“＊＊教育思想研究”,不成熟的教育理论都可以大面积推广……这不是一线教师所能够主导的。所以,应该从管理人员身上寻找原因。社会舆论对教育的求全责备，但凡出现社会问题，先对学校进行问责，学生随地乱扔垃圾了，出现不文明现象了，某些家长就会指责学校是怎么教的。当然，学校有责任，但是家庭教育、社区教育也是学生成长的一个重要组成部分，如果一味让学校负全责，容易造成学校管理“事事是重点，处处要落实”这样一团乱麻的局面。当然，教育工作者对教育规律的认识不到位也是其中的一个原因，随着各种教育理论的涌现，某些教育工作者出现了理解不到位，运用不得法的现象。听到“教材无非是个例子”，就把课本踢到了一边；看到“教是为了不教”，就一味让学生自学；学到“翻转课堂”，就让全体学生通过网络回家学习……这种现象都缺少了一种观察的意识、反思的精神。

过度管理会造成怎样的危害呢？首先，会造成大量教育资源的浪费。该管的、不该管的，都要管，势必会造成学校人力物力财力的浪费。仅从学校开发校本课程这个“热点”来看，大量重复、低质的印刷品比比皆是。其次，会酿成长远教育的苦果。过度管理会造成短期繁荣，必然会带来长期的副作用。例如，某所学校采用军事化管理，大量的测试，让学生在初中升学考试中取得了不俗的成绩。但是一到高中，这些学生的成绩出现了大幅度滑坡，甚至还产生了厌学现象。最后，会造成学校教育不能承受之重。学校教育有所能，也有所不能，如果管了不该管理的事情，对学生教育大包大揽，容易失去社会的信任，认为学校没有做好。例如，一些学校提出的办学思想是“为了学生的终身幸福而教”，口号足够响亮，但是要做到却是难上加难，管了自己管不好的事情，容易吃力不讨好。

那么，应该怎样收住过度管理的脚步呢？

一是看管理策略是否具有主体间性。我国教育家周浩波认为，“主体间性”用意义理论来注释，可以说成是主体间的意义共享。学校管理出现过度现象，往往是因为一些管理者的“一言堂”造成的。一些管理者为了急于推出办学成果，或者认为教师的思想觉悟不高，武断地做出决定，会造成管理的过度。如果能够集思广益，把校长和教师、学生都看成是管理的主体，就可能防止冒进的后果。当然,采用主体间性管理,需采用意义互明—平等协商—实践验证—利益共享的策略,否则只是形式上的民主。例如,某所学校在推行绩效工资时,部分老教师提出应该增加教龄补贴。校长采用了民主协商的形式,由于该校老教师占据多数,而且拥有主要的发言权,最后通过了这项协议。但是在日常的教学工作中,年轻教师的积极性明显受到打击,教学质量也直线下降。在年终的考评中,该校的名次垫底,学校教师也没有受到上级部门的奖励。老教师和年轻教师这时才感到了这项措施的不得力。如果管理者能够在民主协商之前,宣传这项措施实施的意义,对各种可能做出预判,让教师们不仅仅从自己的利益出发,也会从对方的角度考虑问题,相信教师们在协商中能够采用理性的角度来思考。在协商结束后不妨设立一个试用期,对出现的各种问题及时加以改正,最后,教师们能够感受到这项措施带来的"实惠",自然而然会主动实施,并且不断完善了。

二是看管理对象的"人均 GDP"是否具有智慧特征。根据某网站调查,近年我国 GDP 在总量上和美国相差不多,但是在人均 GDP 上不及对方的五分之一。由此可见,我国在经济产出的效率上还是和美国存在着一定的差距。其实在教育上也是一样,判断一所学校管理是否有效,不仅仅是看它的教育总量:有多少学生达到优秀率标准,多少教师被评为骨干教师,学校取得了多少荣誉,更要看老师和学生付出了多少劳动,学校是在怎样的管理条件下取得的,只有如此,才能判断你的管理是否有效。叶圣陶曾经说过,"最好的教是不教",同理,最好的管理也应该是不管理。当然这里面的"不管理"也包括隐性管理,即采取比较隐蔽的管理方式让对方获得认同。例如,某校为了提高学生的礼仪水平,要求学生主动向教师问好,并且把它列入考核,作为学生操行的主要评价标准。为了让全体学生达标,学校要求教师见到学生主动问好,并对不搭理的学生记下姓名,进行批评教育。虽然学生都能在校园内表现得彬彬有礼,但是一出校园就产生了副作用,有的躲着教师走,有的爱理不理,还有的敷衍了事……有时对学生的管理属于"按着牛头吃草”，强加施压反而会引起对方的反感。如果我们采用更加隐蔽的方式，反而能够取得良好的效果。

三是看管理的标准是否具有生态化特性。判断学校的管理是否过度，我们不妨用生态的视角，即学生和教师是否能够坚持、快乐、长久地接受管理，并且通过管理感受到学校教育的幸福，获得自身的成长。看看你的学校，学生在假期结束后是恐惧上学还是乐于上学，教师在QQ上的留言是很累还是很快乐，学生在上课中是微笑还是痛苦，学生的学习行为是终生的还是短期的……就可以判断学校的管理是否生态。例如，某所学校要求教师做课题，但是教师们不愿意承担这项额外任务，所以报名者寥寥无几。于是，学校尝试了以下五点改革：①课题研究的内容就是日常的工作内容；②课题研究活动就是日常的教研和教学活动；③研究成员就是教研组、备课组成员；④研究资料和学校每月随笔整合；⑤结题报告就是学期总结性论文。这样的课题研究让教师们感觉有意义，而且不累，再说真正解决了实际问题，何乐而不为呢？这样的教育科研才具有生态化的特征。当然，生态化的样式是多样的。有的教师刚开始对被动的课题管理很反感，感觉很累，但是经过一段时间下来，看到自己取得的成果，产生了快乐的体验，并理解了管理者的苦衷。这样的管理就具有生态性。

当然，要防止管理的过度化，更要防止管理的不作为，只有处理好两者的关系，才能拥有管理的智慧。

边际之研:教育科研需"防'微'杜渐"

当前,在社会上流行一种"微"思潮,例如微信、微电影、微型小说、微博、微文明等等,反映在教育研究中,则有微课、微课例、微格研究、微型课题、微教研、微讲述、微点评、微答辩、微报告等等,推而广之,一时之间,"微风"劲吹。

请看某地微课比赛一幕:教师站在讲台上,面对空无一人的台下,展示上课的风采。"同学们,女娲当时的心情怎样?""你说!""嗯,你回答得真棒!"教师自问自答,自说自话。十分钟过后,课堂"按时"结束,任务"圆满"完成。既看不出教师面对课堂生成的智慧,也无法了解学生的学习效果。

微课例研究,就是通过分析一个课堂片段,来判断教学的整体效果。例如,一位教师通过课堂观察,发现上课老师一堂课提了 50 多个问题,认为这不是一堂好课,因为学生面临太多的问题都来不及思考了。于是,他提出了自己的观点,一节有效的课只需要提几个问题就足够了。他把课堂的有效性局限在问题的数量上,而忽视了对质量的思考。

此外,微格研究就是将教学化整为零,采取各个突破的方式,以此解决青年教师课堂实践能力不强的问题。微型课题就是缩短课题研究的时间,缩小课题研究的内容,简化课题研究流程的一种方式。微教研就是针对教学研究中的某个小问题开展教研活动,以期攻克教学中的难关……

有些专家说,教育科研之所以"微"风盛行,是因为当前的研究存在着"假大空"的现象,例如教学研究"眉毛胡子一把抓",课堂评价"说了等于没说",青年教师培训"没能切实提高教学能力",课题研究"高耗低效",教育管理"抓不到点子上"……而微研究就是将内容聚焦为某个部分,将时间缩短为某个阶段,将方法简化为某种程序,将理论转化为某种实践活动……总而言之,希望通过"小而实"的方式,切实提高教育科研的有效性。

这没有错,然而,在我们周围也出现了这样的现象:有些教师能够"说课",但是不能上好课。有的教师能够写好论文,但是不能提高教育质量。有的教师事情做得很细,但是教育并不智慧……

的确,如果我们割裂了"微"和"著"的关系,一味将教育研究定位在"微"的角度,而忽视了"著"的目标,也可能走上一叶障目,捡了芝麻丢了西瓜,甚至南辕北辙,因小失大的歧途。

如果我们有些人热衷于"微"研究,并且长此以往,乐此不疲,容易患上眼光短浅,目无全牛,甚至胸无大志,囿于现状的"疾病",以致于把烦琐当成精致,将局部作为整体,把当下看成长远,将"可行"视作"当行"。

难道不是如此吗?就拿微课来说,其起源是美国的一种新教师培训方式,通过教师模拟上课的方式,对某项教学内容进行"试讲",然后将过程拍摄成录像,指导教师通过录像分析,指出受培训教师的不足,以此来提高新教师的课堂实践能力。但是,如果我们不分场合,把它作为评价有一定经验的教师课堂教学水平的一项措施,作为教师课堂教学评优的一种途径,是不合适的。因为它只是课堂局部的反映,是教师某项能力的体现,是现实的一种模拟方式,不足以反映完整的课堂效果。它适用于实习教师,而不是有一定教学经验的教师。它反映教师的局部能力,而无法体现教师的整体教学水平。它适合作为一种培训方式,而难以成为教师进一步提高的手段。

但是,在现实的教学活动中,这种微课正有泛化的趋势。它正在逐渐取代传统的课堂教学比赛方式,因为将 40 分钟缩短为 10 分钟,可以降低比赛的"成本"。它正在成为一种主要的新教师选拔方式,因为它可以在短时间内选拔大量教师。它正在成为一种流行的教研方法,因为前两者的带动……但是,我们也在一线教师中听到了这样的声音,"这样的竞赛公平吗?""根本无法反映教师的真实水平!""无法反应学生的学习状况,也不能检测教师的生成智慧。"

可是,微课的形式还在逐渐流行,甚至盲目运行。

我认为,造成这种现象,有以下几个原因:首先是一些所谓"专家"的盲目引进，他们看到一些教育发达国家的先进理论，听到一个新名词，就不加分析，不做调查，急于推出，成为国内某个理论的“先驱者”，某种行为的“发起人”，这是一种功利主义思想在作怪。其次是某些行政官员的推波助澜，他们为了追求一种社会舆论，为了扩大某种教育影响，于是，全面铺开，追求声势，要求深化，逐渐成为这种理论的附庸，这是一种官本主义的意识在作祟。最后是某些教师的“被奴役”。他们在专家宣传、领导要求的面前，丧失了反思的能力，没有了改变的勇气，只能唯命是从，一味埋头苦干，从而贻误了自己的前途，妨碍了学生的学习……这绝不是危言耸听，之前不是有奥数现象、重点班现象吗，如果没有某些专家、领导等的大力推行，至于遍地开花吗？

“微”和“大”是相互依存的，要做好“微”研究的同时，不能漠视“大”的视角。

要有以“大”促“微”的视角。在现实世界中的确存在着微小变化改变整体格局的现实，但是更不乏例证的是，大的背景对细节的改变。用一个不恰当的比喻，覆巢之下，岂有完卵？冬天来临，万木岂能独善？记得不久之前，美国教师雷夫到苏州举办讲座，席间一句“我从来不知道什么叫作教育科研，那是专家做的事！”一句话引发掌声一片，宣泄了一线教师对教育科研的怨愤。还记得到新加坡访学，当地校长介绍，学校教师不需要写论文随笔，让国内教师羡慕不已。大家纷纷认为，教育科研很“大”，不需要一线教师来做，教师只能是一个实践者，做一些小事，而无法完成理论工作者的任务。然而在2013年国际学生评估项目(PISA)，上海学生在三项测试指标蝉联世界第一后，中国教育学会张民选副会长将之归结为，中国教师对于国外理论的了解，教研组内教师经验的分享。与此同时，美国一些专家也认为，教师写论文是提升专业能力是重要渠道。的确，教育科研正是中国教育的独特做法，用“大”的措施，改变了教学的细节，反映在考试成绩上，取得世界领先的地位。所以“大”的视角不一定会造成空洞的结果，只要层层落实，不断渗透，也能影响每一个细节，就像空中的云彩，也会化作雨滴浸润到花朵的根系一样。

要有以“微”看“大”的视角。之所以蝴蝶扇动一下翅膀，能够在大洋彼岸掀起一场飓风，那是因为这微小的一“扇”，启动了“飓风”的链条，否则，更大的可能是烟消云散，踪迹全无。所以这一“扇”中，本身就有了“飓风”的影子。布里格斯在《混沌七鉴》一书中认为，微观世界和宏观世界具有一定的联系，一片叶子的叶脉中，我们可以发现河流的影子。推理到我们的教学“微”研究中也是一样，教师的一个问题，我们能够判断教学是否有效。一个微小的课题，我们可以解决教育的大问题。一个教学细节，能够改变整个课堂的进程。但是，前提是我们必须要发现微观和宏观之间的关系，否则，也容易形成以偏概全的视角，集小错而成大误的尴尬。难道不是如此吗？有的教师为了职称评审，申报了一个微型课题，而不能做持续性的研究，无法取得教育问题的根本转变。有的教师尝试用陶行知“四粒糖”的技巧，去教育犯错的孩子，却换来了孩子的误解——犯错反而能够获得奖赏。有的教师从改变教师的评价方式这个视角去改革课堂，采用了正面鼓励的方法，可是发现学生表扬多了，反而变得更“皮”了。有的教师采用课堂观察去分析课堂，可是无法“看到”学生的内心世界……凡此种种，都是因为教师没有在这些微小的细节中，去发现本质的问题、可行的方案，没有从更长远、更大的角度去透视这个“点”，从而也不能准确定位。

我认为，真正的教育科研并不割裂“微”与“广”，苏霍姆林斯基曾经听过一节精彩的历史课，他问那位历史教师：“你花了多少时间备这节课？”对方说：“我备这堂课直接时间 15 分钟，但是我一辈子都在备这堂课。”15 分钟和一辈子，那不是“微”与“广”的生动写照吗？如果我们仅仅关注于这 15 分钟，而忽视了背后的“一辈子”，是无法达到“大美课堂”的效果的。

在此，我不是完全否认“微”研究的作用和功能，相反，结合好“微”与“大”，我们才能防微杜渐，做到大小“通吃”。